아빠의 놀이주머니 2
신박한 집콕놀이

신박한 집콕놀이

코로나·비대면 시대용 맞춤놀이

한기철·조영하 지음/서원주 그림

율리시즈

머리말

안녕하세요. 열쇠 삼촌이에요. 어린이들의 놀이 동무가 되고 싶은 아저씨예요. 열쇠 삼촌은 이 땅의 어린이들이 행복을 누리고 건강하게 자라는 '파란 나라'를 꿈꾸면서 프리랜서로 활동하고 있어요.

2020년 코로나 19 팬데믹으로 인한 위기 상황에서 꼭 필요하다고 생각해 열쇠 삼촌이 할 수 있는 역할을 찾아서 실행한 일이 《슬기로운 집콕놀이 101》 책을 펴낸 것이었어요. 어린이와 가정이 파란 나라를 빼앗기지 않도록, 즐거움과 사랑으로 슬기롭게 이겨나가길 바라는 마음이었지요. 언제라도 꺼내 쓸 수 있는 행복한 놀이 주머니를 나누고 싶었습니다.

달라진 일상처럼 변화된 일터 환경에서도 어린이들에게 놀이하는 삶을 돌려주는 일을 포기할 수 없었어요. 그래서 부지런히 어린이와 청소년, 가족, 부모와 지도자, 활동과 교육 등 다양한 이들과 만나려 했고 학교, 센터, 복지관, 도서관, 교회 등 다양한 현장을 찾아갔어요. 달라진 환경에서 주목했던 특징은 소집단 환경과 비대면 환경이에요.

이제는 점점 더 대집단으로 만나기가 어려워졌어요. 만남의 단위는 일 대 일에서 열 명 이내의 소집단 규모로 바뀌었어요. 동시에 모두 경험하고 있듯 대면뿐 아니라 비대면을 통한 만남이 일상화되고 있지요.

열쇠 삼촌이 어린이들의 놀이하는 일상과 파란 나라를 위해 할 수 있는 일이 보였어요. 바로 한 명만 있더라도 할 수 있고, 가정은 물론 소규모 만남이 있는 곳이면 어디서나 활용할 수 있고 대면뿐 아니라 비대면에서도 활용할 수 있는 놀이책을 쓰는 것이었어요. 그래서 이번 아빠의 놀이 주머니 2탄이 탄생하게 됐어요.

열쇠 삼촌에게는 사랑하는 두 아들이 있어요. 우리는 어느 날 집으로 돌아가는 길에 짧은 이야기를 나누었지요. "요엘아, 요엘이에게 하나님은 어떤 분이야?", "좋은 분이야", "어떤 게 좋아?", "날 사랑하시잖아", "요엘이를 사랑하는지 어떻게 알아?", "우리를 만드셨잖아", "사랑하시지 않은데 우리를 만드셨겠어?" 그리고 마지막에 "사랑하시니까 만드는 거잖아"라는 요엘이의 말이 마음에 머물렀어요.

모든 만들어진 것에는 창작자와 주인이 있듯이, 부부가 사랑으로 자녀를 낳아 부모가 되듯이, 이 세상과 인간을 만든 창조주의 창조 동기가 바로 사랑이라는 걸, 아들을 통해 새삼 깨달았어요. 마무리 작업을 하면서 이 책을 쓴 이유를 돌아보았지요. 감사한 점은 아빠의 놀이 주머니 시리즈 《슬기로운 집콕놀이》는 사랑으로 시작하고 사랑으로 썼다는 점이에요.

놀이하는 아빠이자 삼촌으로서 꿈이 있습니다. 어린이 현장과 삶을 보면 열쇠 삼촌의 어릴 적 놀이하던 일상이 오늘날 어린이들에게는 체험이 되고 수업이 되어버린 현실을 목격합니다. 열쇠 삼촌은 놀이가 교육 이전에 삶이 되고, 배움 이전에 향유의 세계가 되었을 때 진정한 교육도 일어나고, 건강하고 행복한 삶과 성장의 자양분을 선물할 수 있다고 믿어요.

우리 어린이들에게 놀이를 향유할 수 있는 권리와 힘을 돌려주고 싶어요. 수업이나 체험으로서 놀이가 아닌 일상의 놀이를 말이죠. 해외 여러 나라에서는 어린이들의 놀 권리 증진과 건강한 놀이문화 운동을 위해 '놀이의 날'을 정하고 여러 정책을 펼치고 있기도 해요.

열쇠 삼촌은 최종적으로 따로 '놀이의 날'이 없어도 날마다 놀이하는 날이고, 놀이하는 문화와 삶이 뿌리내리는 날이 오길 바란답니다. 아울러 이 땅의 어린이들과 가정 및 어린이들과 함께하는 모든 곳이 행복한 세상인 파란 나라를 함께 가꾸어가고 싶어요. 여러분, 함께 만들어가요.

마지막으로 공동 저자인 조영하 선생을 대표하여, 이 책이 가정 및 어린이들과 함께하는 현장에서 파란 나라를 만들어가는 데 쓰임이 있길 바라며, 이 책이 나올 수 있도록 도움을 주시고 함께해주신 모든 이들에게 감사의 마음을 전합니다.

열쇠 삼촌 한기철

목차

'언제라도 꺼내 쓸 수 있는 놀이 주머니'
《신박한 집콕놀이》에 담긴 놀이의 특징

첫째, 실내놀이입니다. 코로나 19 팬데믹이나 외출하기 어려운 상황에서도 실내에서 안전하고 즐겁게 할 수 있는 놀이입니다. 더하여 가볍게 틈을 내서 할 수 있는 실내놀이와 다양한 어린이 및 가족 프로그램에 활용할 수 있는 실내놀이가 담겨 있습니다.

둘째, 누구든 쉽게 할 수 있는 놀이입니다. 전문 강사나 놀이지도자만이 할 수 있는 놀이라면 어떤 의미에서는 진짜 놀이라 할 수 없습니다. 여기 담긴 놀이는 마음만 있다면 누구나 쉽게 할 수 있습니다. 그런 면에서 어린이들이 스스로 책을 보며 하고 싶은 놀이를 직접 골라서 할 수 있습니다.

셋째, 간단한 준비물로도 할 수 있는 놀이입니다. 주변에서 쉽게 구할 수 있는 재료와 물건을 활용해 자유자재로 다채롭게 즐길 수 있습니다. 비싸고 고급스러운 놀잇감이 아니라 돈이 없어도 행복할 수 있는 놀이의 지혜가 담긴 놀이입니다.

넷째, 단 한 명만 있어도 할 수 있는 놀이입니다. 여럿이 즐길 수도 있지만, 단둘만 있어도 할 수 있는 놀이입니다. 핸드폰 대신 얼굴을 마주하며 정겨운 웃음을 주고받는 서로를 발견할 것입니다.

다섯째, 다양한 현장과 환경에서 적용할 수 있는 놀이입니다. 대면은 물론 비대면 상황에서도 활용할 수 있으며, 멘토링 및 소집단 활동, 가정분 아니라 학교, 돌봄교실, 공동육아, 건강가정지원센터, 지역아동센터 등 소집단 현장에서도 적용 가능합니다.

어른들에게 띄우는 집콕놀이의 지혜

스스로 놀아요

놀고 싶은 사람이 스스로 하는 게 놀이예요. 누군가 나 대신 놀아줄 수 없어요. 내가 자녀 대신 행복해질 수도, 살아줄 수도 없는 것처럼 놀이는 놀고 싶은 사람이 자발적으로 스스로 할 때 진짜 즐거울 수 있어요. 누구를 위해 놀아주려고 하기보다 자신이 스스로 놀면 돼요. 그러면 나도 즐겁고 너도 즐거워요. 놀이의 비밀 중 하나는 내가 스스로 놀이하는 데 있어요.

초대해요

놀이는 부르는 것이고, 초대하는 것이며, 맞이하는 거예요. 어린 시절, 우리는 친구들과 놀 때 엄지손가락을 치켜들고 "~할 사람은 여기 붙어라"라고 서로를 부르며 초대했어요. 엄지손가락에 붙기만 하면 누구나 놀 수 있었지요. 자발적으로 참여하는 놀이의 문은 초대할 때 열려요. 어린이들을 기쁜 마음으로 따뜻하게 초대하고 맞이해보세요. 존중과 환대의 놀이 세계, 행복한 놀이 세계로 들어가는 문이 열릴 거예요.

초대에 응해요

놀이는 초대에 대한 응답입니다. 놀이 세계는 초대에 대한 응답이 있을 때 열려요. 초대받을 때 진심으로 응답해주세요. 그때 마음과 마음이 이어져요. 그리고 초대받아 본 어린이는 다른 사람을 초대할 줄도 알아요. 놀이에 초대받아 그 세계를 누려본 어린이들은 놀아달라는 말을 넘어서 자신의 놀이 세계로 초대하게 될 거예요. 어린이들이 초대하는 주체가 되고, 우리가 초대받는 사람이 되는 기쁨과 행복이 특별해요.

그냥 놀아요

놀이는 배우는 게 아니라 하는 거예요. 놀이는 어린이들의 본능이고 삶이에요. 어린이들은 놀고 싶어서 노는 것이지 무엇을 위해 노는 게 아니랍니다. 놀이하는 기쁨을 누릴 줄 아는 행복한 어린이로 초대하고 싶다면 어른들의 의도된 목적과 욕심을 내려놓아야 해요.

어린이들이 놀이를 누릴 줄 알고 자기 삶을 향유할 줄 아는 사람으로 자랄 수 있도록, 함께하는 지혜는 함께 놀이를 누리는 거예요. 가르치려 말고, 이끌려고도 하지 말고 놀이하는 한 사람으로 함께 놀아요. 친밀함을 누리고 가까워지고 싶다면 놀이 동무가 되어보세요.

지금-여기에 집중해요

놀이는 지금-여기의 세계예요. 어린이들은 대충 놀아주는 척하면 다 알아차려요. 지금-여기, 바로 내 곁에 있는 어린이에게 관심을 두고 집중하지 않으면 그 순간 관계도 즐거움도 깨져버려요. 잠시 방해될 수 있는 것과 다른 건 다 잊고 지금-여기와 자녀에게 집중해보세요. 지금-여기 네게 집중하는 것이 곧 관심이고 사랑이에요. 나와 너의 진짜 관계로 들어가는 열쇠예요.

시간을 내요

함께하고 싶은 사람과 있으면 무엇을 하든 즐거운 놀이가 되는 게 놀이의 또 다른 비밀이에요. 어린이들에게 최고의 놀이는 부모고 친구예요. 놀이 그 자체보다도 부모랑 함께한 놀이가 즐겁고, 친구랑 함께한 놀이가 즐거운 거예요. 이에 시간을 내어 진심으로 함께하기만 해도 행복한 놀이가 되지요. 바쁘더라도 "나중에 놀자"라고 말하기보다 아주 잠깐일지라도 시간을 내어 놀고 "다음에 또 놀자"라고 해보세요. 양적인 시간만큼 질적인 시간도 중요해요.

놀 틈을 주세요

인간의 본성과 놀이의 본질은 '자유'라는 점에서 닮아 있어요. 인간은 자유로운 존재로 창조되었고, 놀이는 자기가 하고 싶은 것을 하는 게 놀이예요. 놀이하는 틈은 곧 자유를 의미해요. 내가 하고 싶은 것을 탐색하고, 시도하고, 할 수 있는 자유로운 시간이에요. 그 시간을 통해 누릴 줄 알고, 다룰 줄도 알며 책임지는 법도 배워요. 스스로 놀 줄 알아요. 놀이하는 자유가 존중받을 때 주어진 놀이, 이끌린 삶이 아니라 내가 있는 놀이, 책임질 줄 아는 나다운 삶을 누리고 찾아가는 힘도 자라지요. 놀 틈이 있어야 진짜 놀 수 있어요. 그 틈을 무엇인가 대신 채워주려고도 하지 말아요. 놀 틈을 돌려주세요.

규칙을 존중하고 지켜요

놀이에서 규칙은 놀이 세계를 형성하는 뿌리와 같습니다. 규칙이 존중되지 않고 깨지는 순간, 놀이의 즐거움은 사라지고 놀이 세계도 금이 가기 마련입니다. 어린이들도 규칙이 지켜지지 않을 때 불편하고 재미없으며, 놀고 싶지 않다는 사실을 바로 알아차려요. 놀이 규칙을 존중하고 지킬 뿐 아니라 합의하고 조율하며 함께 만들어가길 권합니다. 그 과정에서 어린이들은 규칙이 주는 자유로움과 편안함을 느끼고 절제와 책임과 같은 소중한 덕목을 자연스럽게 익힌답니다.

안전하고 즐거운 놀 터를 조성해요

어린이들이 가장 좋아하는 공간 중 하나는 자유롭고 편안하게 놀 수 있는 공간입니다. 물리적으로나 정서적으로 자신이 하고 싶은 것을 마음껏 시도하고 표현할 수 있는 안전하고 편안한 환경은 어린이들에게 행복한 놀이터이자 실험실이 되어줍니다. 현실적 환경을 고려해 어린이들의 자유로운 놀이를 지지해주고, 언제라도 즐길 수 있는 놀 거리를 손에 닿기 쉬운 곳에 놓아주세요. 마음껏 작업할 수 있는 책상과 작업 도구를 마련하기만 해도 훌륭한 놀이터요, 놀이 창작실이 될 수 있답니다.

놀이 상자를 마련해보세요

어린 시절 놀이 상자는 보물 상자와도 같아요. 자신의 손때가 묻고, 아끼는 놀잇감을 보관하는 나만의 상자는 언제라도 꺼내 쓰는 보이는 놀이 주머니와도 같았지요. 때론 자기만의 비밀 장소를 두어 보관하기도 했었어요. 딱지, 종이 팽이, 종이비행기, 공기, 탁구공, 심지어 계란판까지도 자기만의 놀이 상자에 담기는 소중한 보물이 되고 행복한 추억이 돼요.

놀잇감을 직접 만들어보세요

어린이들의 상상 속에서 종이 상자는 집, 가면, 터널, 기차, 썰매 등 상상하는 무엇이든 될 수 있습니다. 비싼 완제품인 장난감에서는 기대할 수 없는 일입니다. 어린이들의 창조 본능을 일깨워주고 자기만의, 자기다운 즐거운 놀이 세계를 표현하고 만들어갈 수 있도록 그 기회를 주세요. 주변에 쉽게 구할 수 있는 재료로 직접 놀잇감을 만드는 것은 어린이들에게 최고의 놀이 중 하나가 됩니다.

더불어 만들어가요

놀이는 스스로 또 더불어 만들어가는 거예요. 놀이에는 정답이 없어요. 자기 방법을 따라 자기답게 즐기면 멋진 놀이가 되지요. 여기 나와 있는 놀이와 방법은 하나의 참고일 뿐입니다. 놀이하는 이들과 함께 놀이 규칙과 방법, 재료를 정하고 만들어보세요. 나와 함께 있는 한 사람, 한 사람에게 관심을 기울이면 지혜가 생겨요. 다 같이 즐겁고 행복한 파란 나라 놀이터를 만들어갈 수 있어요.

준비물이 필요 없는 아주 간단한 놀이가 담겨 있습니다.
너무 바빠서 짬이 나지 않을 때
단 3분만 시간을 내도 자녀와 함께할 수 있습니다.
"나중에 놀자"라는 말보다
잠깐이라도 놀고 나서 "또 놀자"라고 해보세요.

1장

준비물이
필요 없는 놀이

균형 잡기의 달인

각자 제안한 동작으로 몸의 균형을 유지하며 버티고 서는 놀이

1. 순서를 정합니다.

2. 첫 번째 사람이 제안한 동작으로 다 같이 몸의 균형을 유지하며 최대한 오래 버티고 섭니다.

3. 누가 가장 오래 버티는지 알아봅시다.

4. 같은 방식으로 마지막 사람이 제안한 동작까지 해봅니다.

tip 하나: 두 손 모으고 외발 서기, 상체는 앞으로 굽혀 두 팔은 옆으로 뻗고 한 발은 뒤로 뻗기 등 자유롭게 동작을 정해보세요.

tip 둘: 누구나 알고 있는 동작으로 할 수도 있어요.

1-2 옆으로 다리 찢기

가위바위보 결과에 따라 발을 차츰 옆으로 물리거나 뻗어서
승부를 가리는 놀이

1. 두 사람이 서로의 발 옆면이 맞닿도록 하여 옆으로 나란히 섭니다.

2. 가위바위보를 해서 이긴 사람은 짝과 맞닿은 발을 자신의 다른 발 옆으로 옮깁니다. 진 사람은 짝과 맞닿은 발을 뻗어 짝의 바깥 발 옆면에 닿도록 합니다.

3. 이런 식으로 하다 보면 둘 중 한 사람의 다리를 뻗는 간격이 점점 넓어지게 되겠지요.

4. 둘 중 한 사람이 다리를 뻗어서 짝의 발에 더 이상 닿지 않으면 승부가 가려집니다.

tip 하나: 시작할 때 서로 어깨동무를 하고 설 수 있어요. 하다 보면 자연스럽게 서로 손을 잡아주기도 해요.

tip 둘: 하고 싶은 만큼 즐겨보세요.

tip 셋: 서로 조금만 더 손잡아주고 끌어주면 할 수 있을 때가 있어요.

가위 바위 보 !

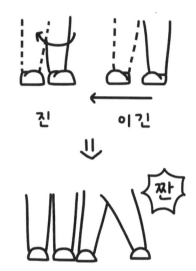

진   이긴

짠

다리씨름

가위바위보 결과에 따라 상대의 다리를 끌어당기는 방식의 씨름 놀이

1. 두 사람은 그림처럼 마주보고 서서 다리를 걷고 섭니다.

2. 가위바위보를 해서 이긴 사람은 자기 쪽으로 살짝 상대의 발을 당깁니다.
   그렇게 되면 진 사람은 이긴 사람 쪽으로 발을 뻗게 되겠지요.

3. 이런 식으로 둘 중 한 사람이 더 이상 다리를 찢을 수 없을 때까지 합니다.

tip 하나: 발을 세게 잡아당기면 다칠 수 있으니 과격하지 않게 잡아당깁니다.

tip 둘: 승부가 나면 이긴 사람은 진 사람의 손을 잡아 일으켜주세요.

tip 셋: 이긴 사람에게는 축하를, 진 사람에게는 박수를 보내주세요. 결과를 받아들이고,
원하면 "한 번 더!"를 외쳐보세요.

같은 놀이 다르게

1. 몽골 어린이들은 이긴 사람은 있는 힘껏 자기 쪽으로 발을 당기고, 진 사람은 끌려
   가지 않게 버티는 방식으로 경기하기도 해요.

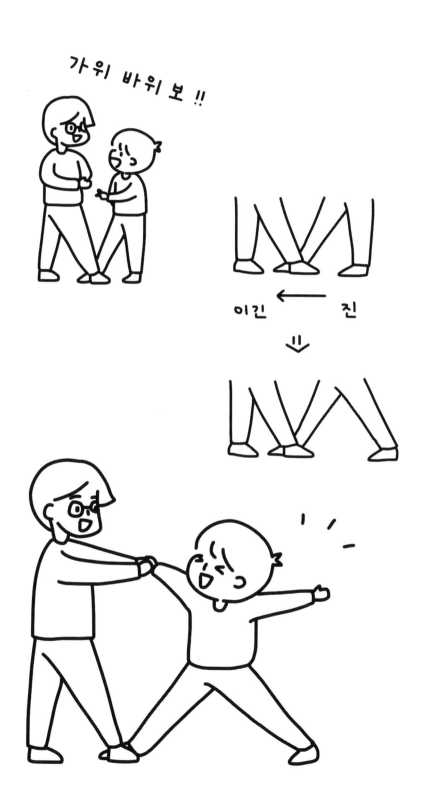

마술 빼기 가위바위보

한 손만 앞으로 내면서 하는 가위바위보 놀이

1. 처음에는 쌍권총 가위바위보와 방식이 같습니다. "쌍권총~"이라고 말하면서 양손을 서로 달리하여 가위바위보를 냅니다.

2. 이어서 "마술 빼기~"라고 말하면서 오른손 또는 왼손을 상대 앞으로 내밉니다. 이때 '마술 빼기'는 앞으로 내밀면서 내고 싶은 것으로 바꾸어 낼 수 있습니다.

3. 이런 식으로 하고 싶은 만큼 승부를 겨뤄봅니다.

tip 하나: 언제 어디서든 잠깐만 시간을 내면 즐길 수 있어요.

tip 둘: 마지막에 어떤 걸 낼지 예측할 수 없는 게 이 놀이의 묘미예요.

tip 셋: 팀을 나눠서 할 수도 있어요.

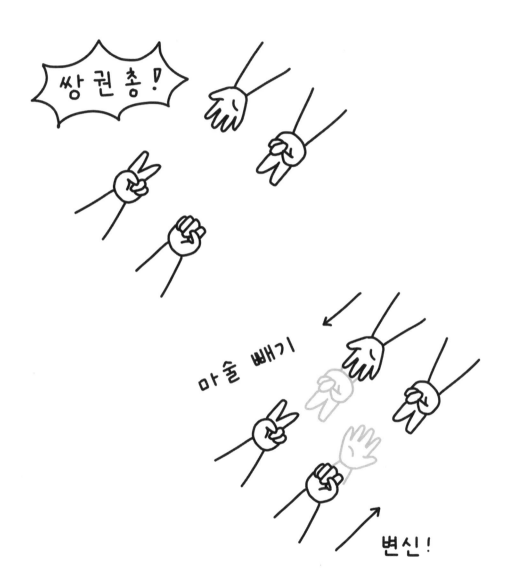

1-5 사냥꾼 가위바위보

사냥꾼이 호랑이보다 반 박자 늦게 내서
무조건 져야 이기는 가위바위보 놀이

1. 누가 가위바위보를 먼저 낼지 역할을 정합니다. 먼저 내는 사람이 호랑이,
   나중에 내는 사람이 사냥꾼이 됩니다.

2. "가위바위보"를 외치면서 호랑이가 먼저 내면 사냥꾼은 그보다 약간 늦
   게, 그렇지만 거의 동시에 내도록 합니다.

3. 이때 사냥꾼은 무조건 호랑이에게 지는 걸 내야 이깁니다. 반대로, 호랑이
   가 낸 것과 같은 걸 내거나, 이기는 걸 내면 지게 됩니다.

4. 이런 식으로 여러 번 해보고, 역할을 바꿔서도 해봅니다.

tip: 사냥꾼이 너무 늦게 내면 승부가 싱겁거나 재미없으니 두 사람이 가위바위보를 내는
   간격을 반 박자 정도로 해보세요.

호랑이   가위 바위 보!   사냥꾼

먼저 👀 보고 (0.5초 뒤)

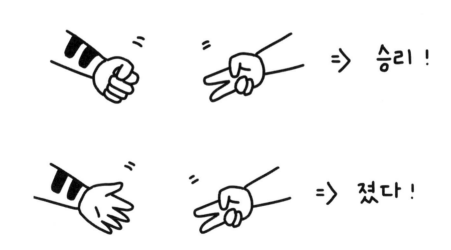

⇒ 승리 !

⇒ 졌다 !

가위바위보 낮아지기

진 사람이 이긴 사람보다 조금씩 낮아지는 놀이

1. 서로 마주보고 가위바위보를 합니다.

2. 진 사람은 무릎을 굽혀서 이긴 사람보다 약간 자세를 낮춥니다.

3. 같은 방식으로 가위바위보를 하다 보면 점점 더 바닥 가까이 낮아집니다.

4. 한 사람이 더 이상 자세를 낮출 수 없을 때까지 합니다.

tip 하나: 한 번에 너무 낮아지면 금방 놀이가 끝나 싱거울 수 있어요.

tip 둘: 바닥까지 납작 엎드릴 때까지 해보세요.

같은 놀이 다르게

1. 자세를 낮추는 대신 온몸 뻗기 방식으로 '왼손 위로 뻗기'–'오른발 옆으로 뻗기'–'왼발 옆으로 뻗기'–'목과 허리 뻗기'–'오른손 위로 뻗기' 순서로 한 사람이 더 이상 가위바위보를 낼 수 없을 때까지 할 수도 있습니다.

가위 바위 보 !

졌다 !

1-7 손가락 자석

손가락 끝이 떨어지지 않은 채 한 사람이 이끄는 대로
다른 사람이 따라다니는 놀이

1. 그림처럼 검지를 펴서 서로 손가락 끝을 대고 섭니다.

2. 한 사람은 이끌고, 다른 한 사람은 따라가는 역할을 정합니다.

3. 따르는 사람은 이끄는 사람이 이끄는 대로 손가락이 떨어지지 않은 채 따라갑니다.

4. 1분이 지나면 역할을 바꿔서도 해봅니다.

tip 하나: 서로에게 집중하고 배려해야 손가락이 떨어지지 않아요.

tip 둘: 앉기도 하고, 돌기도 하는 등 자유롭게 해보세요.

같은 놀이 다르게

1. 손가락 대신 손바닥 끝을 맞대고 할 수 있습니다.
2. 손가락과 손가락 사이에 심을 깎지 않은 연필이나 가는 막대기를 끼워서 하는 방식도 있습니다.

1-8 먼저 찔러라

가위바위보를 해서 승부가 나면 상대의 몸을 먼저 찌르는 놀이

1. 서로 마주보고 앉아서 가위바위보를 합니다.

2. 승패와 상관없이 승부가 나는 순간, 검지로 먼저 상대의 몸을 찌르면 이깁니다.

3. 5판 3승제로 겨루어봅니다.

tip 하나: 배꼽 같은 신체 부위로 하면 더욱 재밌어요.

tip 둘: 찌르기 대신 간지럼 태우기로 할 수 있어요.

같은 놀이 다르게

1. 한 사람이 주는 신호에 따라 상대를 찌르는 방식으로 할 수 있습니다.

2. 예컨대 "찔러!"가 신호라면 "찌를까?", "찔레꽃", "찌! 찌…르지마~" 식으로 헛갈리게 하여 재밌게 해볼 수 있습니다.

1-9 숫자 수수께끼

문제를 낸 사람이 생각한 숫자를 힌트로 추측하여 맞히는 놀이

1. 수수께끼를 내는 사람이 마음속으로 1에서 10 사이의 숫자 하나를 생각합니다.

2. 문제를 내는 사람은 총 3개의 힌트를 줍니다.

3. 예컨대 "눈사람을 닮았어요", "내가 가장 좋아하는 숫자예요", "우리 집 문 비밀번호에도 있어요", "의자에 이 숫자가 있어요" 식으로 다양하게 힌트를 줄 수 있습니다.

4. 첫 번째 단계에 맞히지 못하면 두 번째 힌트를 줍니다.

5. 답을 맞히면 역할을 바꿔서도 해봅니다.

tip: 숫자의 범위를 100까지 넓혀서 해볼 수 있어요.

같은 놀이 다르게

1. 숫자 범위를 1 ~ 100으로 합니다.
2. 문제를 낸 사람은 마음속으로 숫자를 하나 생각합니다.
3. 정답을 맞히는 사람은 "예", "아니오"로만 대답할 수 있는 질문으로 힌트를 얻을 수 있습니다.
4. 예컨대 "50보다 큰가요?", "70보다 작나요?" 식으로 특정 숫자보다 큰지, 혹은 작은지를 물어보면 "예", "아니오"로 답을 해줍니다.
5. 이런 식으로 몇 번 만에 정답을 맞히는지 알아봅니다.

1. 내가 좋아하는 숫자예요!

2. 지팡이를 닮았어요!

3. 행운의 숫자예요!

등에 뭘 쓴 거야?

손가락으로 등에 어떤 글씨를 썼는지 알아맞히는 놀이

1. 한 사람이 등을 돌립니다.

2. 다른 한 사람은 손가락으로 그 사람의 등에 한 글자를 씁니다.

3. 짝이 등에 어떤 글씨를 썼는지 알아맞힙니다.

4. 서로 역할을 바꿔서도 해봅니다.

tip 하나: 짝이 잘 맞힐 수 있도록 천천히, 필요하면 여러 번 써주세요.

tip 둘: 처음에는 한 글자, 그다음에 두 글자로 된 단어도 도전해보세요.

tip 셋: 이 놀이는 몇 번 하다가 갑자기 간지럼을 태울 때가 제일 재밌어요.

등 씨름

등을 맞대고 앉아서 자녀가 부모를 밀어내어
최대한 움직이게 하는 놀이

1. 부모와 자녀가 등을 맞대고 앉습니다.

2. 자녀가 두 명 이상이면 한 팀이 되어 나란히 부모의 등에 대고 함께 앉습니다.

3. 시작되면 자녀는 부모를 있는 힘껏 등으로 밀어내고 부모는 그 자리에서 꿈쩍하지 않도록 버팁니다.

4. 자녀는 부모를 최대한 밀어내도록 도전해봅니다.

5. 부모가 조금이라도 움직이거나 목표 지점까지 밀리면 자녀가 이깁니다.

tip 하나: 자녀가 혼자면 손으로도 등을 밀 수 있도록 해보세요.

tip 둘: 가족에게 맞는 규칙과 방법을 정해보세요.

tip 셋: 경기를 마치면 간지럼도 태우고, 서로 꼭 안아주세요.

1-12 참참참

짝의 손과 반대 방향으로 얼굴을 돌리는 놀이

1. 가위바위보를 해서 이기면 늑대, 지면 양이 됩니다.

2. 이긴 사람은 그림처럼 진 사람의 얼굴 앞에 손을 갖다 댑니다.

3. 시작되면 이긴 사람은 "참참참"이라고 외치면서 손을 오른쪽 또는 왼쪽으로 방향을 가리키고 동시에 진 사람도 얼굴을 한쪽을 정해 돌립니다.

4. 만약 손과 얼굴이 같은 방향이면 진 사람이 잡히는 셈입니다.

5. 다섯 번씩 해봅니다.

tip 하나: 늑대가 잡으면 양이 피할 때까지 계속하는 방식으로도 해보세요. 몇 번이나 연속으로 잡을 수 있을까요? 도전!

tip 둘: 오른쪽, 왼쪽 외에도 위, 아래까지도 움직이는 방법도 추가해서 할 수 있어요.

만두, 만두 만두

손가락을 만두처럼 오므렸다 폈다 하는 방식으로 즐기는 놀이

1. 그림처럼 양손의 손가락을 만두처럼 오므리고 다 같이 가운데로 손을 모읍니다.

2. 가위바위보로 순서를 정합니다.

3. 다 같이 "만두, 만두만두만두!"를 외친 다음에 첫 번째 사람이 숫자 하나를 외칩니다.

4. 이때 숫자를 외치는 사람을 포함하여 모두가 동시에 손가락을 펴거나 오므립니다. 두 손 중에 하나만, 혹은 둘 다 펴거나 둘 다 펴지 않아도 됩니다.

5. 두 사람일 경우, 외칠 수 있는 숫자는 5 단위로 하여 '0, 5, 10, 15, 20'입니다. '0' 대신 '만두'라고 외칩니다.

6. 만약 외친 숫자와 손을 편 숫자가 같으면 텔레파시가 통한 겁니다.

7. 이런 식으로 순서대로 해보며 텔레파시가 세 번 통한 사람이 나올 때까지 해봅니다.

tip 하나: 세 사람부터는 양손 대신 간단하게 한 손만 사용해서 해보세요.

tip 둘: 이 놀이도 언제든지 어디서라도 짬짬이 즐길 수 있어요.

tip 셋: 가족끼리는 텔레파시가 통할 때 3초간 간지럼을 태워주세요.

0   5

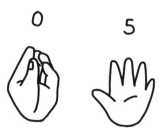

만두 만두 만두 !!

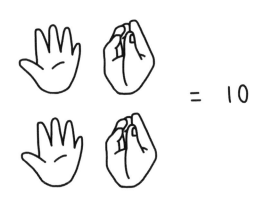   = 10

도대체 무슨 물건이지?

상품이 무엇인지도 모른 채 고객이 상품에 관해 물어보면
상상한 대로 엉뚱하게 답변해주는 놀이

1. 한 사람은 고객이 되어 사고 싶은 물건 하나를 마음속으로 생각합니다.

2. 고객은 점원에게 상품에 대해 이런저런 질문을 던집니다.

3. 점원은 상품의 정체를 모른 채 자신이 상상한 대로 문의에 친절하게 답변해줍니다.

4. 예컨대 고객(자녀)이 '장난감'을 생각했다고 가정해봅시다. 점원(부모)에게 "평소 언제 사용하나요?", "어떤 맛인가요?", "저에게 선물로 사주고 싶나요?"식으로 질문합니다.

5. 점원(부모)은 '장난감'인지 모르기에 "여행 갈 때 꼭 갖고 가지요", "매일 먹고 싶은 맛이에요. 구워 먹으면 끝내주지요", "한 달에 한 번씩 사주고 싶죠"처럼 웃기고 엉뚱한 대답을 내놓기 일쑤입니다.

6. 이렇게 묻고 답하다가 나중에 정답을 밝힙니다.

7. 서로 역할을 바꿔서도 해봅니다.

tip 하나: 이 놀이는 정답이 무엇인지 맞추는 놀이가 아니라, 능청스럽게 질문하고 엉뚱하게 대답하는 과정에서 오는 재미가 커요. 하다 보면 저절로 깔깔깔, 킥킥킥 웃음이 나요.

tip 둘: 고객은 미리 점원이 보지 않도록 종이에 사고 싶은 물건을 써두고 나중에 공개해 주세요.

평소 언제 사용하나요?

여행 갈때 꼭 가지고 가지요!

어떤 맛인가요?

구워 먹으면 끝내 줘요!

저에게 선물로 사주고 싶나요?

한달에 한번씩 사주고 싶지요!

(능청스럽게)

숨바꼭질

술래가 숨은 사람을 찾는 놀이

1. 술래가 30까지 숫자를 세는 동안 다른 사람(들)은 숨도록 합니다.

2. 숫자를 다 세고 나면 숨은 사람을 찾아 나섭니다.

3. 찾으면 걸린 사람이 술래가 되어 계속합니다.

4. 여러 사람이면 가위바위보를 해서 진 사람이 술래가 됩니다.

tip 하나: 술래가 찾다가 못 찾겠으면 "못 찾겠다 꾀꼬리~"라고 숨은 사람을 불러내 다시
할 수 있어요.

tip 둘: 집에서 하는 숨바꼭질도 꽤 재밌어요. 나만의 숨는 공간을 찾게 될 거예요.

1-16 한 줄 이야기 짓기

한 사람씩 앞사람이 지은 이야기에
한 줄 문장을 덧붙이며 이야기를 짓는 놀이

1. 첫 번째 사람부터 짧은 한 문장으로 된 이야기를 자유롭게 짓습니다.

2. 두 번째 사람이 이어서 상상력을 발휘해 다음 문장을 덧붙입니다.

3. 이런 식으로 이야기를 덧붙여 가면서 새로운 이야기를 지어봅니다.

tip 하나: 첫 문장을 "어느 날 엄마가 사라졌다", "우리 집에 도둑이 들었다!", "세 가지 소원을 들어주는 램프가 생겼다"처럼 첫 문장을 미리 정하고 시작할 수 있어요.

tip 둘: 엉뚱하고 논리에 맞지 않아도 괜찮아요. 마음껏 상상력을 발휘해서 이야기를 짓다 보면 절로 웃음이 날 거예요.

이야기 하나. 즐거움

1

월드비전에서 실시하는 '친해지기' 가족 캠프에 초대돼 1박 2일 프로그램을 기획하고 진행했어요. 이미 다가온 우리의 미래, 다문화 시대. 유독 중국, 동남아 계통의 다문화 가족이 많았어요. 많은 감동과 행복이 있었고, 동시에 그 안에 있는 아픔도 엿보고 함께 아파하는 시간이기도 했답니다.

준비하고 함께한 이들의 바람처럼 친구들과 친해지고, 가족과 친해지고 다른 가족과 친해지는 그런 시간이었어요. 행복하고 따뜻한 시간이었어요. 우리는 실컷 놀고 진솔한 대화를 나누었어요. 또 한 번의 특별한 1박 2일이었어요.

2

가장 행복했던 기억이 언제였냐는 질문에 한 아이가 이렇게 대답했어요. "오늘이요." "오늘의 행복 지수는 100"이라는 아이의 말에서 그 즐거움과 행복이 느껴지기도 했어요. 우리는 꿈처럼 행복도 같이 만들어가는 것임을, 혼자는 할 수 없을지라도 함께하면 이루어갈 수 있음을 다시금 확인했어요.

3

아이들이 선물이에요. 아이들이 감동이에요. 이번 캠프를 통해 나는 "엄마"가 자랑스럽대요. "엄마 존재 자체"가 자랑스럽대요. 이 말에 엄마는 하염없이 눈물이 나요. 소감을 나누며, 우리 아이, 우리 부모의 멋진 면 한마디를 들려주는 시간이 있었어요.

한 엄마는 이해를 잘 못하셨나 봐요. "바라는 점이요?" 되물으면서 "말 잘 들었으면 좋겠어요"라고 했어요. 이에 지도자가 "아니요. 자녀의 장점이요"라고 다시 말씀드리자 엄마가 말을 잇지 못해요. 그러다 자녀의 장점을 말하지 못하는 자신의 모습에 울컥하셨는지 그냥 자녀를 꼭 안아주었어요. 이야기를 듣는데 왜 그랬는지 감히 짐작이 갔어요.

4

부모님 없이 온 친구가 있었어요. 사실, 부모님이 안 계신 친구였어요. 부모와 자녀가 짝이 되어 대화를 나누는 시간, 그 친구는 OO 선생님과 이야기를 나누었어요. "장래희망이 뭐야?", "기타 치는 목사님이요." 기타 치는 목사님이 되고 싶대요. 예전에는 기타 치는 사람이 되고 싶었는데 교회에서 어떤 특별한 만남이 있었나 봐요. '부모님에게 하고 싶은 말'이란 질문도 있었어요. 부모님이 안 계신 그 친구가 그래요.
"잘 키워줘서 고맙습니다."

5

한 아이가 시로 표현한 소감문의 시구가 가슴에 남아요.

즐거울 때 많이 있어요. / 친구와 함께 있는 것
같이 소통하는 것 / 여행을 가는 것 / 게임을 하는 것

하지만 이것보다 더 중요한 게 있어요.
바로 가족 / 가족이랑 함께 있으면 즐겁고
소통도 즐겁고 / 같이 여행 가는 것도 즐겁고
같이 게임도 아는 것도 즐거우니까.

나의 즐거움은 / 가족입니다.

- OOO, 〈즐거움〉 -

나의 즐거움은 가족이래요. 가족이 가장 소중하대요. 그렇기에 우리는 더더욱 '가족'이란 가치를, 그 보물을 포기할 수 없어요.

6

물론, 감동적이고 행복하기만 했던 건 아니에요. 도무지 집단에서 함께하기 어려운 정서와 행동을 보이는 친구들도 있었어요. 그 아픔과도 동행하는 시간이었어요. 많은 웃음과 눈물이 함께한 1박 2일 그렇게 또 귀한 만남을 마쳤고, 이들은 일상으로 돌아갔고요. 열쇠 삼촌은 이들과 함께할 동반자들, 그 이후의 삶을 위해 기도했어요.
꿈은 혼자 꿀 수 있지만, 결코 혼자 이룰 수는 없어요. 혼자라면 할 수 없는 일도 함께라면 할 수 있어요. 열쇠 삼촌은 이 땅의 어린이들과 가족이 행복한 파란 나라를 꿈꾸어요. 함께 만들어가고 싶어요. 내가 할 수 있는 일로 함께하고 싶어요.

우리 함께 만들어가요, 파란 나라

이야기 둘. 엄마들의 도전과 성장

1

재작년 한 마을 주민자치센터에서 8회에 걸쳐 마을 놀이지도자 양성 과정으로 교육을 진행했어요. 마을 놀이동아리나 마을 놀이 강사라는 목표로 참여했던 분들은 아니었어요. 대부분 우리 아이와 가족을 생각하면서 집콕놀이를 경험하고 배우고자 참여했지요. 작년 한 해 코로나 19 팬데믹 상황에서 몇몇 분들이 주축이 되어 일을 벌였어요. 마을공동체를 구성하고 주민자치센터와 연계하여 마을 놀이터 사업을 실행한 것이지요.

2

코로나 19로 우여곡절이 많았지만, 열쇠 삼촌은 작년에도 대면과 비대면 지도자 교육으로 이분들과 함께했어요. 몇몇 분들은 한 팀이 되어 경기도 꿈의 학교 마을 청소년 활동의 마을 공동 강사로 5회기 활동을 스스로 기획하고 진행하기도 했지요.

이분들은 대면뿐 아니라 비대면으로도 아이들을 만났어요. 곁에서 이분들의 걸음을 지켜보며 내 일처럼 기뻤어요. 경험에서 멈추지 않고, 우리 아이와 가족에서 그치지 않으며 그 관심과 활동을 마을의 아이들과 마을로 확장해 나눔을 실천하고 도전하는 용기 있는 모습에 절로 박수가 나왔습니다.

3

재작년은 엄마들이 고백해주셨듯이, 놀 줄 모르는 엄마에서 놀 줄 아는 엄마로, 놀아주는 엄마에서 같이 놀이하는 엄마로, 할 수 있다는 자신감에 찬 엄마로, 무엇보다 "저기 가서 놀아라"가 아니라 "같이 놀자"라고 하는 엄마로서의 변화가 있었습니다. 작년에는 여기서 더 나아가 내 아이뿐 아니라 다른 아이도 품는 마을의 엄마이자 활동가나 강사로 변화가 있었어요. 그 변화가 느껴지는 소감문 일부를 공유해요.

마을 놀이지도자 과정을 통해 놀이에 한계는 없다는 것을 느꼈습니다.
코로나로 제한적인 상황에서 비대면 또는 대면으로 놀아보고 배웠는데 참 유익하고 행복하고 즐거운 시간이었습니다.

우선 집에 있는 아이와 함께 배운 것을 즐겁게 놀아보고
아이가 놀이지도자 교육에 가는 것을 기대할 정도로 좋아하였고

또 현장에서 아이들과 대면과 비대면으로 활용할 수 있는 즐거운 시간이었습니다.

아이들과 함께 놀아줄 생각으로 시작했는데 이제는 더 큰 그림을 그리게 되었어요.
사회복지사 준비도 하고, 놀이 수업이 앞으로 큰 도움이 될 것 같아요.

아이들에게 놀아주려는 정보 수집 차원에서 시작했지만
지금은 제가 놀고 즐기며 편안하고 행복한 시간이 되었어요.
머리로 생각하고 이론으로 만들고 배우는 놀이가 아닌
직접 몸으로 경험하고, 함께 만들어가는 놀이를 통해 의미 있는 시간이 되었습니다.

몸을 움직여서 다양하게 놀 수 있어서 새로웠고 재밌었습니다.
주변에서 쉽게 구할 수 있는 재료를 이용해서 놀 수 있었던 게 인상적이었습니다.
비대면으로도 할 수 있다는 자신감이 생겼습니다.

우연한 기회에 자녀 키우는 데 도움이 될 만한 게 있을까 싶어 참여한 분들로 시작했던 만남이 작은 씨앗이 되어 움트고 있음을 느낍니다. 이분들이 어린이, 청소년들과 만들어갈 행복한 파란 나라 놀이터가 기대됩니다.

이야기 셋. 돈이 없어도 행복할 수 있어요

1

찾아가는 멘토링, 두 번째 만남 때 일이에요. 동생 OO가 "삼촌, 이제까지 우리 만나면서 너무 돈을 많이 쓴 거 같아요. 다음번에 만날 때는 우리 돈 없이 행복한 날을 만들어봐요"라고 제안 했어요. 이에 형 OO은 "돈 없이 어떻게 행복하게 만날 수 있어. 돈이 없으면 행복할 수 없어!" 라고 했지요.

영하 삼촌은 둘째의 제안에 "그럼 일단 계획해보자!" 하고 두 형제와 이야기를 나눴어요. 밥은 꼭 챙겨 먹으면 좋겠으니 일단 그 돈은 쓰는 것으로 하고 각자 하고 싶은 것들을 말해보기로 했어요. '축구, 농구, 공원에서 놀기 등등' 다음 시간을 계획하고 헤어졌어요.

2

세 번째 만남이 찾아왔어요. 하루를 계획하고 간단한 놀이도 하고 점심 메뉴를 정한 뒤 공원으로 이동했어요. 이동하는 길에 형은 돈을 써야 하는 실내 놀이터에 가고 싶어 했어요. 그때 동생이 오늘은 돈 없이 행복한 날이라는 것을 다시 한 번 상기시켜주며 다시 공원으로 향했지요.

공원에 도착해서 그네타기, 경찰과 도둑, 좀비 물리치기 등등 여러 가지 놀이를 하면서 신나게 놀았어요. 그리고 두 형제의 할머니가 일하시는 가게로 돌아와서 종이와 펜만 있으면 할 수 있는 놀이를 했어요. 우여곡절이 있었으나 끝까지 약속을 지키며 도전에 성공했어요.

3

마지막 하루 활동을 돌아보면서 모두가 돈 없이도 행복할 수 있다는 것을 소감으로 나누었어요. 형제에게는 그 시간이 기억에 많이 남았는지, 일기처럼 소감을 적는 곳에 삼행시까지 지었어요.

(돈)이 꼭 필요한 것은 아니다
(까)짓것 안 쓰면 된다
(스)릴 있게 즐기자

삼촌에게도, 친구들에게도 의미 있는 시간이었어요. 돈이 없어도 행복할 수 있는 놀이 세계를 돌려주고 싶어요. 돈이 없어도 다 같이 즐겁고 행복할 수 있는 만남과 사귐의 놀이터를 돌려주고 싶어요. 그 비밀을 스스로 또 더불어 찾아갈 수 있도록 초대하고 싶어요.

2장
종이와 연필로
하는 놀이

종이와 연필만 있어도 할 수 있는 놀이입니다.
꼭 몸을 활발하게 움직이지 않아도
왁자지껄 떠들지 않아도
종이와 연필만 있다면
얼마든지 앉아서도 즐겁게 놀 수 있어요.

2-1 앞만 보고 얼굴 그리기

앞만 보고 짝의 얼굴을 그리는 놀이

준비물: 종이와 펜

1. 각각 종이와 펜을 하나씩 준비하여 짝과 마주보고 앉습니다.

2. "시작"과 함께 서로 짝의 얼굴을 그립니다.

3. 단, 고개를 든 채 짝의 얼굴만 바라보고 그려야 합니다.

4. 30초 뒤에 완성된 작품을 감상합니다.

tip 하나: 앞만 보고 그렸기에 상상을 초월한 작품에 절로 웃음이 날 거예요.

tip 둘: 완성된 작품을 보고 기분 나쁠 수 있는 말로 상처 주지 않도록 해요.

같은 놀이 다르게

1. 여러 사람이 함께하면, 다 같이 주인공 한 명의 얼굴을 그리게 하여 누가 가장 그럴 듯하게 그렸는지 알아볼 수도 있어요.

2. 마음속으로 동물 하나를 생각하고 그린 다음, 서로 어떤 동물을 그렸는지 알아맞혀볼 수도 있어요.

2-2 요요 빙고 놀이

뽑은 쪽지에 적힌 숫자로 한 줄 빙고를 만드는 놀이

준비물: 쪽지, 3×3 빙고 용지, 펜

1. 놀이를 시작하기 전에 쪽지 12개를 만들어 각각 1에서 12까지 번호를 적고 두 번 접어 잘 섞어줍니다.

2. 각자 종이에 3×3 빙고 칸(총 9칸)을 만듭니다.

3. 빙고 용지에 1에서 12 사이에 있는 숫자를 한 칸에 하나씩 원하는 대로 적습니다.

4. 순서를 정한 뒤에 첫 번째 사람부터 쪽지 하나를 뽑습니다.

5. 쪽지에 적힌 번호가 있는 사람은 그 번호가 적힌 칸을 표시합니다.

6. 순서대로 한 사람씩 쪽지를 뽑아 해당 번호가 있는 사람은 그 칸을 표시해 나갑니다.

7. 이런 식으로 가로, 세로, 또는 대각선으로 한 줄을 만들면 한 줄 빙고가 완성됩니다.

8. 누가 먼저 세 줄 빙고를 만드는지 알아봅시다.

같은 놀이 다르게

1. 4×4 빙고 칸(총 16칸)으로 하여 1에서 25 사이의 숫자를 써서 하거나, 5×5 빙고 칸(총 25칸)으로 1에서 50 사이의 숫자를 써서 할 수도 있어요.
2. 팀으로 나눠서도 해볼 수 있어요.

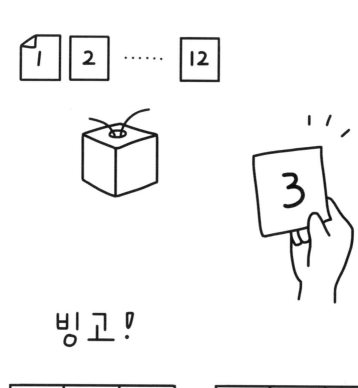

빙고!

2-3 무슨 그림일까?

특정 부분씩 단계별로 그려나가는 동안
그것이 어떤 물건인지 알아맞히는 놀이

준비물: 종이, 사인펜

1. 한 사람이 마음속으로 물건을 하나 떠올립니다.

2. 시작되면 물건의 한 부분을 그립니다.

3. 단계별로 그림을 완성해가는 동안 다른 사람은 정답을 맞힙니다.

4. 서로 역할을 바꿔서도 해봅니다.

tip 하나: 너무 어렵지 않도록 단계마다 힌트를 줍니다. 몇 글자인지, 어떤 것과 연관된
물건인지 등 다양하게 힌트를 줄 수 있어요.

tip 둘: 물건 외에도 동물, 음식, 과일, 인물 등 여러 주제로 해볼 수 있어요.

|단계   2단계   3단계

자동차 !

2-4 등에 그린 대로

앞사람의 등에 대고 그린 그림을 앞사람이 그대로 그리는 놀이

준비물: 종이, 사인펜

1. 앞사람의 등을 보고 일렬로 앉습니다.

2. 뒷사람이 앞사람의 등에 종이를 대고 천천히 그림을 그립니다.

3. 앞사람은 느끼는 대로 뒷사람이 그린 그림과 같게 그립니다.

4. 그림을 다 그린 뒤에 서로 완성된 작품을 감상합니다.

tip 하나: 엉뚱한 그림에 그만 웃고 말 거예요. 너무 비슷해서 감탄이 나오기도 해요.

tip 둘: 뒷사람은 앞사람이 준비됐는지 확인하고 배려하면서 그려주세요.

2-5 몸으로 말해요

한 사람이 단어를 몸으로 표현하면 다른 사람들이 정답을 맞히는 놀이

준비물: 펜, 쪽지

1. 먼저 어떤 주제로 할지 정해요. 동물, 동요, 스포츠 등 무엇이든 좋아요.

2. 한 사람당 5개씩 쪽지를 나눠 가져요.

3. 주제에 맞는 단어를 쪽지 하나에 하나씩 적고 두 번 접어요.

4. 모든 쪽지를 모아서 잘 섞고, 각자 다섯 개씩 가져가도록 해요.

5. 순서대로 한 사람씩 자신이 뽑은 쪽지를 다른 사람에게 몸으로 표현해요.

6. 다른 사람은 그 사람이 표현한 동물이 무엇인지 맞혀요.

7. 이런 식으로 마지막 사람까지 해봐요.

tip 하나: 쪽지를 일정한 크기로 잘라주세요.

tip 둘: 맞힌 사람에게 쪽지를 선물로 줘도 좋아요.

같은 놀이 다르게

1. 잠깐 할 때는 쪽지 없이 즉흥적으로 해볼 수도 있어요.
2. 팀으로 해볼 수도 있어요. 이땐 각각 다른 동작으로 같은 걸 표현하여 문제를 낼 수 있어요.

56

2-6 선 땅따먹기

교대로 선을 하나씩 그려나가면서 땅을 차지하는 놀이

준비물: 종이, 색깔이 다른 사인펜 2개

1. 그림처럼 가로, 세로 일정 간격으로 점을 10개씩 찍듯이 표시합니다.

2. 가위바위보로 순서를 정합니다.

3. 한 사람이 교대로 한 번씩 가로 또는 세로로 원하는 두 점을 잇습니다.

4. 선을 잇다 보면 그림처럼 작은 정사각형이 만들어집니다.

5. 사각형을 만든 사람은 사각형 안에 사인펜으로 자기 땅을 표시합니다.

6. 이런 식으로 마지막 점까지 선을 이은 뒤에 누가 더 많은 땅을 차지했는지 알아봅니다.

tip 하나: 땅의 크기(점의 개수)는 적당하게 만들어보세요.

tip 둘: 사인펜 색깔이 다르면 누구 땅인지 구분이 쉬워요.

tip 셋: 오목 노트를 활용하면 더 쉽게 즐길 수 있어요.

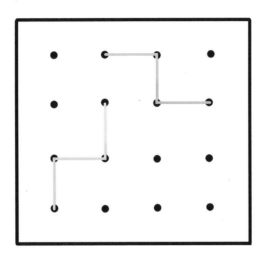

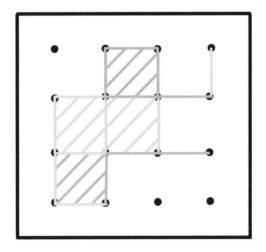

2-7 숫자 예측

상대가 쓴 숫자와 자신이 예측한 숫자와의 차이만큼 점수를 얻는
방식으로, 누가 더 적은 점수를 얻는지 알아보는 놀이

준비물: 종이, 사인펜

1. 먼저 그림처럼 경기 표를 그립니다.

2. 1라운드 칸 옆에 상대가 못 보도록 손으로 가립니다.

3. '나의 숫자'에는 내가 마음에 정한 숫자를 적고, '짝의 숫자'에는 짝이 적었
   을 것 같은 숫자를 예측해서 적습니다. 1과 10 사이에 있는 숫자를 적습
   니다.

4. 만약 '가'가 '나의 숫자'에는 3을, '짝의 숫자'에는 5를 쓰고, '나'는 '나의 숫
   자'에 1을, '짝의 숫자'에는 10을 썼다고 합시다.

5. 이때 '가'는 예측한 숫자가 5이고, 실제 '나'가 쓴 숫자는 1이므로 둘의 차
   이인 4점을 얻습니다. 반대로 '나'가 예측한 숫자가 10이고 실제 '가'가 쓴
   숫자는 3이기에 '나'는 7점을 얻습니다.

6. 이 놀이는 얼마나 짝의 숫자를 가깝게 예측했는지 겨루는 방식이므로 '가'
   가 이겼습니다.

7. 라운드별로 각자 다 적고 나면 서로 누가 상대의 숫자를 더 가깝게 예측했
   는지 알아봅니다.

8. 이런 식으로 두 사람이 몇 라운드까지 할 것인지 정해서 즐겨봅니다.

tip 하나: 상대의 숫자를 최대한 비슷하게 예측하는 재미가 있어요.

tip 둘: 몇 라운드까지 할지 함께 정해보세요.

승리!

예측
↓

나의 숫자	짝의 숫자	점수
3	5	4

나의 숫자	짝의 숫자	점수
1	10	7

같은 놀이 다르게

1. 라운드마다 승부를 내지 않고, 모든 라운드를 마친 뒤 합산 점수가 적은 사람이 이기는 방식으로 할 수 있어요.

2. 주사위 두 개를 던져서 나온 수의 차이만큼 점수를 매겨 점수가 적으면 이기는 방식으로 할 수 있습니다.

삼각형 땅따먹기

누 점을 이어서 직선을 그리는 방식으로
최대한 많은 삼각형을 만드는 놀이

준비물: 종이, 색깔이 다른 사인펜

1. 그림처럼 자유롭게 곳곳에 작은 점을 그립니다.

2. 순서를 정해 한 번씩 교대로 두 점을 직선으로 잇습니다.

3. 이때 두 점을 잇는 선이 다른 선과 교차할 수는 있지만 선 위에 다른 점이
   있어서는 안 됩니다.

4. 이런 식으로 선을 잇다 보면 삼각형이 만들어집니다.

5. 삼각형을 만든 사람은 그 안에 사인펜으로 자기 땅을 표시합니다.

6. 이런 식으로 마지막 선까지 잇고 난 뒤, 누가 더 삼각형을 많이 얻었는지
   알아봅니다.

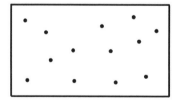
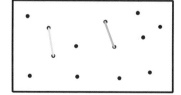
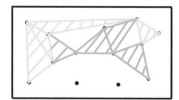

2-9 구족화가

손이 아닌 입, 발가락 등으로 짝의 얼굴을 그려주는 놀이

준비물: 사인펜, 종이

1. 순서를 정합니다.

2. 첫 번째 사람부터 발가락 사이에 사인펜을 끼우고 짝의 얼굴을 그립니다.

3. 이어서 두 번째 사람이 같은 방식으로 짝의 얼굴을 그립니다.

4. 얼굴 윤곽, 눈과 눈썹, 코, 입, 귀, 머리 순으로 한 부위씩 그려나갑니다.

5. 이런 식으로 작품이 다 완성되면 서로 감상한 뒤에 선물해줍니다.

tip 하나: 사인펜을 입에 물고 그려볼 수도 있어요. 이때 안전에 유의하세요.

tip 둘: 오른손잡이는 왼손으로, 왼손잡이는 오른손으로 그려볼 수 있어요.

tip 셋: 실제 구족화가들의 작품을 찾아 감상해보세요.

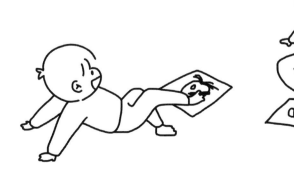

들은 대로 종이 찢기

짝에게 들은 대로 종이를 찢어서 설명한 모양과 똑같이 만드는 놀이

준비물: 펜, 종이

1. 짝과 등을 맞대고 앉습니다.

2. 한 사람은 짝이 보지 않은 상태에서 종이를 조금 찢습니다.

3. 이어서 짝이 똑같은 모양으로 찢을 수 있게 설명해줍니다.

4. 이런 식으로 조금씩 종이를 찢어서 모양을 완성해갑니다.

5. 완성한 뒤에 서로 비교해봅니다.

6. 역할을 바꿔서도 해봅니다.

tip: 1단계는 들은 대로만 종이를 찢고, 2단계는 질문과 소통을 통해 종이를 찢는 방식으로 해보세요.

같은 놀이 다르게

1. 찢기 대신 접기. 종이를 접으면서 짝에게 설명하면 짝이 들은 대로 똑같이 종이를 접는 방식으로 할 수도 있습니다.

이야기 하나. 요요 빙고 놀이

1
밖에 나갔다가 집에 돌아오자마자 둘째(초 1)가
"아빠, 내가 놀이 만들었다?"며 "같이 놀자~"라고 해요.

아빠를 기다린 눈치예요.
어떤 놀이냐고 물으니 아마도 즉석에서 지은 것 같았어요.

"요엘이 빙고 놀이"

개발자 이름을 딴 놀이에요.
요엘이는 요즘 놀이를 만드는 재미에 빠졌어요.

2
간단히 샤워하고 나오자마자 이미 놀 준비를 마치고
잔뜩 기대에 차서 기다리고 있었어요.
자리에 앉자 흥에 차서 설명 시작!

'요엘이 빙고 놀이'라고 했다가 형을 생각한 건지
'요요 빙고 놀이'로 놀이 이름을 바꿨어요.
어쩐 일로 훈훈해졌어요. 이 책에도 실었어요.

요엘이 덕분에 저녁에는
온 가족이 모여서 개인으로, 또 팀으로도 즐겼지요.

3
정말 재밌게 여러 번 했어요.
아들은 자기가 만든 놀이라 그런지
더 열의에 차서 재밌어해요. 자꾸 하자고 해요.

유행어도 생겼어요.

"있어~"
"없어~"
"난 없어~", "나도 있어~"

또 만든 놀이가 있대요.
윷놀이를 변형한 놀이인데 해골도 있고 뒤로 가는 것도 있대요.
이렇게 해야 재밌다며 아빠에게 놀이를
알려주기까지 해요. 아빠는 알아도 몰라요.
묻고 신기하게 들어요.

4
코로나 초기에는 아빠가 주로 두 아들을 초대했어요.
"놀 사람은 여기 붙어라~"

어린 시절 골목에서 놀 친구들을 부르듯
그렇게 두 아들을 불렀어요.
처음에는 아빠가 소개하고, 원하는 놀이를 고르도록 하여
즐기는 편이었어요.

어느덧 놀이에 익숙해지다 보니
이제는 아빠가 굳이 놀이에 초대할 필요가 없어졌어요.
아들이 하자고 하는 놀이를 하면 돼요.
놀이에 초대받게 됐어요.

코로나 시기에 집 안에서 놀이 생존력이 생겼나 봐요.
참 고마운 일이에요.

이야기 둘. 변하지 않았으면 하는 일상

1

열쇠 삼촌과 영하 삼촌은 아동복지실천회 세움과 협력하여 수감자 자녀들과 동아리 활동으로 만나고 있어요. 코로나 상황에서 최대한 안전을 확보하기 위해 아이들 한 명, 한 명을 일일이 태워서 이동해요. 두 삼촌이 단 두 명의 친구를 만난, 오붓한 만남의 이야기예요.

전화를 걸어 도착을 알리고 밖에서 기다렸어요. 지수(가명)가 우릴 알아보고는 미소를 띠고 달려와 꼭 안기며 인사를 건넸어요. 차를 타고 을왕리 해수욕장 방향으로 향했어요. 가는 길에 지수가 그래요. 열쇠 삼촌이 전화한 목요일부터 기다려지고 만나기 전날은 설레서 잠을 잘 못 이뤘다고요. 지수에게 우리가 보고 싶은 좋은 친구라서, 이 만남이 기다려지고 설레는 만남이라 참 감사해요.

2

단 4명이 떠난 주말 나들이. 우리는 사람 드문 곳을 찾아 맛집도 탐방하고 을왕리 해수욕장과 왕산 해수욕장에서 놀았어요. 마지막으로 빵 카페에 들러 열쇠 삼촌이 개발한 주사위 놀이도 하고, 주사위 빙고 대화 놀이를 하며 화기애애한 시간을 보냈어요.

대화 놀이를 할 때, '말하는 대로 이루어지는 램프가 있다면?'이라는 질문에 지수가 두 가지 소원을 말했어요. 두 친구 모두 어떤 소원을 빌고 싶은지 물었어요. 지수가 그랬어요.

"엄마, 아빠를 빨리 보고 싶어요."
"더 많이 만나면 좋겠어요."

얼마나 보고 싶을까요. 공교롭게도 지수는 '나에게 가족은 _____이다'라는 미완성 문장도 나왔어요. 나에게 가족은 '떨어져 있어도 잊히지 않는 사람'이래요. 함께 있다 보면 아무 죄가 없음에도 사회적 편견을 견뎌야 하는, 부모 없이 살아가는 아이들의 아픔이 툭툭 튀어나와 깊숙이 다가와요.

지수의 소원처럼, 떨어져 있어도 늘 보고 싶고 잊히지 않는 엄마, 아빠와 더 이상 떨어져 지내지 않고 화목하게 사는 날이 오면 좋겠어요.

3

지수의 말에, 비슷한 상황에 있던 다른 남매와 나눴던 대화가 떠올라요. 찾아가는 멘토링으로 만났던 우현(가명)이. 자기가 좋아하는 노래라며 쓰윽 핸드폰을 밀어 보여줬어요. 노래 중에 '변하지 않는 것'이라는 가사가 눈에 들어와 감상을 마친 뒤에 물었어요. 우현이 누나에게도 물었어요.

"변하지 않는 것이 무엇이라고 생각해?"
"다 변하는 것 같아요."
"그렇게 생각할 수도 있겠다."
"그럼 변하는 것 중
변하지 않았으면 하는 것은 무엇이야?"

"일상이요."
"어떤 일상이었으면 좋겠어?"

"엄마가 일 나가고, 전 그림 그리고, 같이 밥 먹고,
동생 학교에서 다녀오고……"

평범한 일상이었어요. 엄마가 수감되기 전 그 일상이 변하지 않았으면 하는 것이래요. 하지만 아이들에겐 이미 잃어버린 일상이 되어버렸어요. 모든 아이에게는 사랑하는 부모와 따뜻한 가정이 필요해요. 평범해 보이는 가족의 일상이 얼마나 소중한지 다시금 깨닫게 돼요.

4

어느 글에서 헬라어로 '위로'가 '파라클레오'라는 것을 알게 됐어요. 이는 '곁으로 부르다, 함께 있다'라는 뜻이래요. 고통받는 그 삶에 부족한 나라도 필요하다면 또 곁에 있을 수 있다면 할 수 있는 몫으로 함께하고 싶어요. 아이들과 함께 행복한 파란 나라 놀이터를 누리고 만들어가고 싶어요. 온 마음을 다해 곁에서 시간을 보내는 것으로 아이들의 마음을 꼭 안아주고 싶어요.

탁구공 빙고 달인, 종이컵 세우기 등
다소 엉뚱하고 단순한 도전이 있는 놀이가 담겨 있습니다.
우리만의 기네스 종목을 만들어
최고 기록에 도전해보세요.

비교하거나 등수를 가리기보다
다른 사람이 잘하고, 잘되는 것을
기뻐하고 응원해주세요.
기네스 대회나 미니 올림픽 등
창의적이고 특색 있는 놀이 잔치도 열어보세요.

3장
기네스 놀이

탁구공 빙고 달인

계란판에 탁구공을 튕겨 넣어 먼저 한 줄 빙고를 만드는 놀이

준비물: 탁구공, 계란판

1. 계란판을 중앙에 두고 서로 나란히 앉습니다.

2. 순서를 정해 짝과 번갈아 탁구공을 한 개씩 튕겨서 계란판에 넣습니다. 이 때 서로 다른 색깔의 탁구공으로 해야 구분이 됩니다.

3. 이런 식으로 먼저 탁구공 세 개를 가로, 세로, 또는 대각선으로 한 줄을 만든 사람이 이깁니다.

tip 하나: 같은 색깔의 탁구공이면 서로 알아볼 수 있도록 탁구공에 표시해두세요.

tip 둘: 나중에는 탁구공 네 개로 빙고를 만드는 방식으로도 도전해보세요.

같은 놀이 다르게

1. 계란판을 나란히 두 개 놓고, 각자 자기 계란판에 탁구공을 넣는 방식으로 누가 먼저 한 줄 빙고를 완성하는지 겨루어볼 수 있습니다.

2. 한 사람씩 도전하는 방식으로, 한 줄 빙고를 완성하는 데 얼마나 시간이 걸리는지 알아볼 수 있습니다.

빙고!

3-2 빨대 탁구공 옮기기

빨대로 탁구공을 계란판에 옮기는 놀이

준비물: 계란판, 빨대, 탁구공

1. 순서를 정해 첫 번째 사람부터 합니다.

2. 시작과 함께 빨대로 통에 담긴 탁구공을 빨아들여 계란판 구멍에 옮기도록 합니다.

3. 30초 동안 최대한 몇 개까지 옮기는지 도전해봅니다.

tip 하나: 오직 빨대로만 탁구공을 옮겨야 해요.

tip 둘: 어떻게 하면 빨대에 탁구공이 착 달라붙는지 요령을 찾아보세요.

같은 놀이 다르게

1. 탁구공 5개를 다 옮기는 데 걸리는 시간을 측정하는 방식으로 최단 기록에 도전해볼 수도 있습니다.

탁구공을 굴려서 책상 끝에 달린 컵에 넣는 놀이

준비물: 탁구공, 컵

1. 그림처럼 책상 끝에 종이컵들을 나란히 하여 테이프로 고정합니다.

2. 시작과 함께 탁구공을 굴려서 반대편에 있는 종이컵에 넣습니다.

3. 1분 동안 최대한 많이 넣도록 도전해봅니다.

tip 하나: 책상에 맞게 종이컵 홀 개수를 정해보세요.

tip 둘: 종이컵(홀) 하나만 설치해서 할 수도 있어요.

tip 셋: 구슬이나 병뚜껑으로도 할 수 있어요.

같은 놀이 다르게

1. 시간제한 대신 탁구공 10개를 굴려서 몇 개가 들어가는지 알아볼 수도 있습니다.

2. 종이컵 대신 적당한 크기의 통 하나를 책상 가까이 바닥에 두고 할 수도 있습니다.

3-4 탁구공 왕복 운동

탁구공이 바닥에서 튕기는 동안 몇 번까지 탁구공에 맞지 않고
손을 좌우로 왕복하는지 도전하는 놀이

준비물: 탁자, 탁구공

1. 탁구공을 어느 정도 높이에서 떨어뜨릴지 정합니다.

2. 첫 번째 사람부터 탁구공을 바닥에 떨어뜨립니다.

3. 탁구공이 바닥에서 튀어 오르는 동안 손바닥을 편 채 탁구공에 맞지 않으면서 재빨리 좌우로 움직입니다.

4. 만약 좌우로 한 번 왕복했다면 1점입니다.

5. 더 이상 탁구공이 튀지 않거나 탁구공이 손에 닿으면 끝납니다.

6. 최대 몇 번까지 왕복하는지 도전해봅시다.

tip 하나: 탁구공이 잘 튀어 오르는 탁자 위에서 해도 좋아요.

tip 둘: 다른 사람이 공을 떨어뜨려줄 수도 있어요.

tip 셋: 사람이 많으면 팀을 나눠서도 해보세요.

시간 감각의 달인

스톱워치로 정한 시간을 맞추는 놀이

준비물: 스톱워치

1. 순서를 정합니다.

2. 첫 번째 사람부터 핸드폰의 스톱워치 기능을 켭니다.

3. 시작 단추를 누르고 10초가 됐다고 생각할 때 중지 버튼을 누릅니다.

4. 세 번씩 시도해 10초와 가장 가까운 기록에 도전합니다.

tip 하나: 핸드폰에는 스톱워치 기능이 있어요. 100분의 1초까지 표시되도록 설정해주세요.

tip 둘: 10초 이외에 맞출 시간을 직접 정해서 도전해보세요.

같은 놀이 다르게

1. 한 사람은 시간을 재고, 다른 한 사람은 시간을 알아맞힙니다. 맞히는 사람이 마음 속으로 60초가 됐다고 생각할 때 "멈춰!"라고 말하면, 시간을 재는 사람은 중지를 누릅니다. 이런 식으로 60에 가장 가까운 기록에 도전해봅니다.

3-6 공 튕기기

채로 쓸 만한 다양한 물건으로 탁구공을 최대한 많이 튕기는 놀이

준비물: 공, 채로 쏠 만한 물건

1. 경기에 쓸 나만의 탁구채를 고릅니다.

2. 한 사람씩 순서대로 채로 공을 쳐서 위로 튕깁니다.

3. 공이 바닥에 떨어지면 끝납니다.

4. 각자 기록을 재어봅니다.

tip 하나: 그림책, 손바닥, 주먹, 효자손, 접시, 탁구채 등 다양한 물건을 채로 쓸 수 있어요.

tip 둘: 배드민턴 공, 종이컵, 작은 탱탱볼 등 공으로 쓸 만한 것을 찾아보거나 만들어보세요.

프라이팬

동화책

3-7 탁구공 스피드 컵 농구

최단 시간에 탁구공을 바닥에 튕겨서 5개의 컵에 넣는 놀이

준비물: 컵 5개, 탁구공 1개

1. 나란히 적당하게 간격을 띄워 종이컵 5개를 놓습니다.

2. 첫 번째 사람부터 도전합니다.

3. 시작되면 첫 번째 컵 앞에서 탁구공을 한 번 튕겨서 컵에 넣습니다.

4. 성공한 컵은 뒤집어놓고 바로 옆으로 이동해 두 번째 컵에 같은 방식으로 넣습니다.

5. 컵에 안 들어가면 넣을 때까지 합니다.

6. 5개 컵 모두 성공하는 데 걸린 시간을 재어봅니다.

7. 이런 식으로 마지막 사람까지 해봅니다.

tip 하나: 여러 번 해서 최단 기록에 도전해보세요. 하다 보면 요령이 생겨요.

tip 둘: 어린 동생이 있다면 좀 더 큰 통에 넣도록 배려해주세요.

시작!

3-8 컵 세우기

손으로 컵을 밑에서 위로 쳐올려서 바닥에 세우는 놀이

준비물: 종이컵

1. 책상 가장자리에 종이컵이 살짝 밖으로 나오도록 세워둡니다.

2. 손으로 종이컵 바닥을 쳐올려서 세웁니다.

3. 컵이 옆으로 쓰러지면 다시 합니다.

4. 이런 식으로 성공할 때까지 도전해봅니다.

tip 하나: 몇 번 만에 성공하는지 또는 1분 동안 몇 번 성공하는지 스스로 도전 방식을 정해보세요.

tip 둘: 컵을 손으로 잡고 공중으로 던져서 세우는 방식도 재밌어요. 더 속도감 있게 할 수 있지요.

같은 놀이 다르게

1. 컵 5개를 나란히 일정한 간격을 띄워놓고 하나씩 세워서 5개를 최단 시간에 다 세우는 방식으로 도전할 수도 있어요.

풍선으로 컵 쌓기

바람 든 풍선으로 컵을 이동시켜 최대한 빨리 쌓는 놀이

준비물: 풍선(인원수), 컵 10개

1. 그림처럼 쌓아올릴 컵 5개와 기준컵 1개를 놓습니다.

2. 첫 번째 사람부터 도전합니다.

3. 시작되면 풍선을 컵에 넣고 붑니다.

4. 불다 보면 풍선이 부풀어 컵에 끼게 되는데 컵이 떨어지지 않도록 풍선으로 잡아줍니다.

5. 이때 풍선을 입에 문 채로 풍선에 낀 컵을 기준컵에 옮겨 포개어 넣습니다.

6. 같은 방법으로 컵 10개를 최단 시간에 옮겨 쌓아봅니다.

tip 하나: 풍선이나 컵을 손으로 잡으면 안 돼요.

tip 둘: 몇 개까지 해볼지 도전할 컵의 개수를 정해보세요.

3-10 동전 굴리기

동전을 목표한 지점에 가장 가까이 굴려 보내는 놀이

준비물: 동전

1. 그림처럼 동전을 세운 뒤 두 번째 손가락으로 살짝 누르고 앞으로 밀어서 굴립니다.

2. 최대한 골인 선 가까이 보냅니다.

3. 첫 번째 사람부터 마지막 사람까지 도전해봅니다.

tip 하나: 동전을 손으로 잡고 굴릴 수도 있어요.

tip 둘: 놀이를 즐기는 규칙과 방법을 직접 만들어보세요.

같은 놀이 다르게

1. 바닥에 점수가 여러 개인 과녁을 만들어서 해볼 수 있습니다.

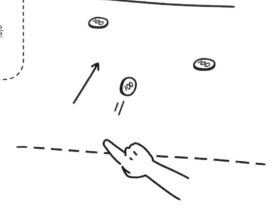

목표 지점

3-11 동전 끼우기

동전을 굴려서 포크에 끼우는 놀이

준비물: 동전

1. 포크를 한쪽에 세워두어 포크 이빨을 골대로 삼습니다.

2. 첫 번째 사람부터 동전을 굴려 포크 이빨 사이에 쏙 끼어 들어가게 합니다.

3. 이런 식으로 10번을 굴려 최대한 몇 번까지 넣는지 도전해봅니다.

tip 하나: 동전 굴리는 연습을 해보고 도전하세요.

tip 둘: 가까운 거리에서 시작해 점점 먼 거리로 도전 수준을 높여보세요.

tip 셋: 포크 두 개를 나란히 놓아서 골대를 넓혀보세요.

같은 놀이 다르게

1. 포크 골대를 마주보게 하여 각자 한 번씩 상대방 골대에 굴려서 넣는 방식도 있습니다.

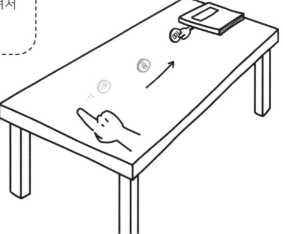

3-12 양말 공 볼링

울퉁불퉁한 양말 공을 굴려서 페트병을 쓰러뜨리는 놀이

준비물: 양말, 페트병 또는 휴지심

1. 양말을 공처럼 만듭니다.

2. 그림처럼 페트병(볼링핀) 10개를 세워두고 첫 번째 사람부터 공을 굴립니다.

3. 1이닝에 2번을 굴릴 수 있습니다. 처음 굴릴 때 7개를 쓰러뜨리면 두 번째 굴릴 때는 남은 3개만 쓰러뜨리면 됩니다.

4. 만약 매 이닝 처음 굴릴 때 한 번에 10개를 다 쓰러뜨리면 10개를 다시 세워서 한 번 더 굴릴 수 있습니다.

5. 매 이닝 얻은 점수를 합산해 최고 기록에 도전해봅니다.

tip 하나: 몇 이닝까지 할지 정해보세요.

tip 둘: 세부 규칙과 점수 획득 방식을 직접 만들어보세요.

tip 셋: 페트병 대신 휴지심으로 할 수 있어요.

tip 넷: 양말 대신 신문지를 뭉쳐서 만들 수도 있어요.

3-13 종이 빼서 컵 쌓기

컵과 컵 사이에 놓인 종이를 빼서 컵을 포개어 쌓는 놀이

준비물: 종이, 종이컵

1. 종이컵을 바로 놓고 그 위에 종이를 올립니다. 같은 방식으로 종이컵을 올리고 그 위로 종이를 올립니다. 이런 식으로 4층까지 만듭니다.

2. 시작되면 맨 위층의 종이를 순간적으로 재빨리 빼서 종이컵이 아래 종이컵 안으로 쏙 들어가게 합니다. 성공하면 같은 방식으로 차례대로 모든 컵이 하나로 포개어 쌓일 때까지 도전해봅니다.

3. 중간에 실패하면 다른 사람이 도전해봅니다.

tip 하나: 종이를 순발력 있게 재빨리 빼는 게 요령이에요.

tip 둘: 처음에는 2층만 만들어서 도전해보세요.

tip 셋: 가벼운 플라스틱 컵으로 할 수도 있어요.

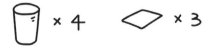

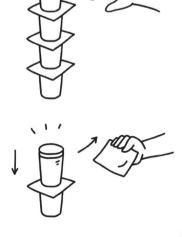

3-14 피라미드 컵

종이컵 10개로 피라미드를 쌓았다가 재빨리 한 줄 탑으로 만드는 놀이

준비물: 종이컵

1. 종이컵 10개를 낱개로 나란히 펼쳐 놓습니다.

2. 시작되면 종이컵을 아래층부터 피라미드 형태로 4개, 3개, 2개, 1개로 쌓습니다.

3. 다 쌓으면 다시 피라미드 컵을 무너뜨려서 한 줄로 된 탑을 만듭니다.

4. 최단 기록에 도전해봅니다.

tip 하나: 꼭 스태킹용 컵이 아닌, 종이컵이나 플라스틱 컵으로도 즐길 수 있어요.

tip 둘: 도전 방식을 직접 만들어서도 해보세요.

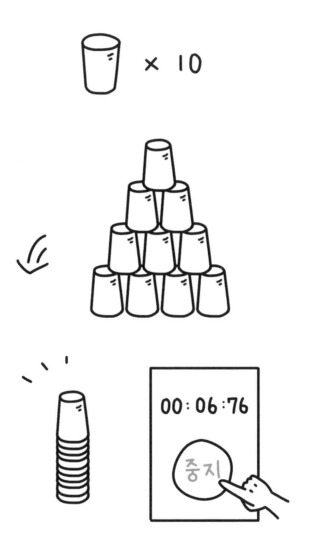

스피드 한 줄 컵 쌓기

맨 위의 컵이 맨 아래로 갈 때까지 최단 시간에 컵을 옮기는 놀이

준비물: 컵

1. 한 줄로 포개어 쌓인 종이컵 20개를 들고 섭니다.

2. 맨 위에는 색깔이 다른 종이컵을 쓰거나 입 닿는 테두리에 사인펜을 칠하는 등 알아볼 수 있도록 표시를 합니다.

3. 시작되면 하나씩 맨 아래 컵을 빼서 맨 위로 오게 하는 방식으로 컵을 옮깁니다.

4. 같은 방식으로 맨 위의 컵이 맨 아래로 가면 끝납니다.

5. 최단 시간에 끝내도록 도전해봅니다.

tip 하나: 종이컵 어디를 잡아야 할지, 어떻게 옮겨야 할지 전략을 짜보세요.

tip 둘: 종이컵의 개수를 더 늘려서 해볼 수 있어요.

같은 놀이 다르게

1. 여러 사람이 동시에 시작해 누가 더 빨리 성공하는지 겨루기 방식으로도 해볼 수 있습니다.

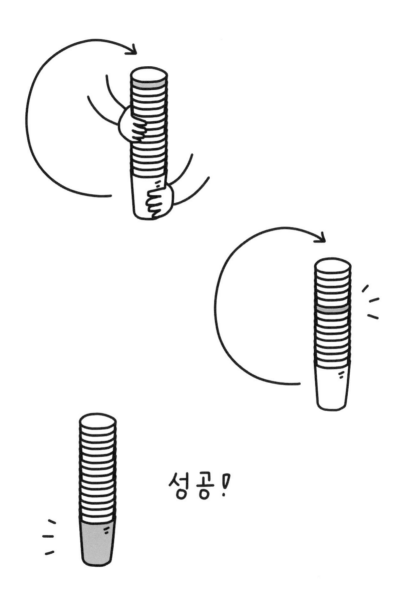

성공!

3-16 휴지 나르기

부채로 바람을 일으켜 최단 시간에 휴지를 나르는 놀이

준비물: 휴지, 부채

1. 부채나 부채로 쓸 만한 물건을 준비합니다.

2. 시작되면 출발점에서 부채로 바람을 일으켜 휴지를 나릅니다.

3. 목적지로 정한 책 위로 휴지를 올려놓으면 성공입니다.

4. 한 사람씩 최단시간에 도전해봅니다.

tip: 마지막에 책 위로 휴지를 띄워 올리는 게 쉽지 않은 만큼 재미도 있어요. 요령을 찾아
보세요.

같은 놀이 다르게

1. 여러 사람이 함께하면 팀을 나누어 릴레이 경기로 할 수 있어요.

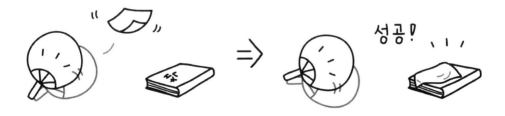

3-17 휴지 오래 띄우기

휴지를 입으로 불어서 최대한 오래 띄우는 놀이

준비물: 휴지

1. 순서를 정합니다.

2. 첫 번째 사람부터 일정 높이에서 휴지를 놓고 입으로만 띄웁니다.

3. 휴지가 바닥에 떨어질 때까지 최대한 오래 띄워봅니다.

tip 하나: 입이 아닌 부채나 부채로 쓸 만한 물건을 사용해 띄워볼 수 있어요.

tip 둘: 휴지가 몸이나 물건에 닿으면 무효가 돼 다음 사람에게 넘어가요.

이야기 하나. 비대면 집콕놀이

1

열쇠 삼촌은 하나님을 믿어요. 교회에서는 산들바람 어린이, 청소년 삼남매와 일요일이면 비대면으로 예배를 드리고 있지요. 우리는 성경 말씀을 나누기 전에 놀아요. 비대면 집콕놀이인 셈이죠. 대면으로 할 수 있는 놀이는 비대면으로도 할 수 있다는 게 열쇠 삼촌의 생각이에요.

2

사실, 청소년인 남매 둘과 예배 드리는 건데 초등학생인 막내도 깍두기로 껴서 함께하곤 해요. 초, 중, 고 골고루 있어요.

우리는 사라진 물건 찾기, 앞만 보고 얼굴 그리기 놀이를 했어요. 앞만 보고 얼굴 그리기 놀이의 경우 머리 스타일까지 그리면 다 알게 되니까 머리 스타일은 안 그리고 알아맞히는 방식으로 했어요. 그래도 누구의 얼굴인지 한 번에 알아볼 수 있었어요. 중요한 건 절로 웃음이 나고 재밌다는 거예요. 놀다 보면, 또 웃다 보면 서로 마음이 연결돼요.

3

이어서 엉터리 고민 상담소를 했어요. 한 명씩 자기 고민을 말하면 지혜의 말씀이라고 하는 잠언에서 임의로 뽑은 말씀 주소로 그럴듯한 엉터리 해석으로 상담해주는 놀이예요.

OO의 경우 "숙제가 많고 하기 싫어요"라는 고민을 말하고 잠언 7장 7절을 뽑았어요. 그러면 열쇠 삼촌이 잠언 7장 7절을 펼쳐서 말씀을 읽고 고민을 상담해주는 식이지요.

말씀인즉 '어리석은 자 중에, 젊은이 가운데에 한 지혜 없는 자를 보았노라'라고 나온 거예요. 하하하. 이 말씀으로 열쇠 삼촌은 우스갯소리로 "그런 말 하는 건 지혜 없는 것이니 그런 소리 말고 참고 숙제하렴"이라며 엉터리 상담을 해줬어요. 우린 그저 웃었지요.

집에서도 얼마든지 할 수 있어요. 성경이 아니더라도 일반 책을 갖고도 할 수 있어요. 한 사람이 고민과 함께 책의 쪽수와 몇째 줄인지 말하면 다른 사람이 거기에 적힌 내용으로 그럴듯하게 상담 (?)해주면 된답니다.

4

OO이 차례가 되었어요. OO이는 작년 한 해 코로나로 친구를 두 명밖에 사귀지 못해서 고민이라며 새해는 친구가 많아졌으면 하는 바람이었어요. 그리고 잠언 8장 8절을 뽑았어요. '내 입의 말은 다 의로운즉 그 가운데에 굽은 것과 패역한 것이 없나니'

열쇠 삼촌 마음대로 엉터리로 해석해 OO이의 말과 마음은 다 이루어질 것이라고 들려주었죠. 삼촌도 OO이와 같은 마음이고 다른 사람들도 다 같은 마음일 거예요. 물론, 마지막에 성경 말씀을 마음대로 해석하면 나와 남도 잘못된 길로 안내할 수 있으니 분별이 필요하다고 들려주었어요.

5

우리는 이어서 두세 가지 대화 놀이 활동을 하고 성경 말씀을 나누었어요. 비대면이지만 대면하듯 즐겁고 진솔한 만남과 사귐이 있었어요. 오늘날 비대면 방식은 어느새 또 하나의 새로운 삶의 방식으로 자리 잡았어요.

열쇠 삼촌은 포기하고 싶지 않아요. 대면이든 비대면이든, 그 환경이 어떠한가와 상관없이 모든 어린이, 청소년들이 행복한 파란 나라를 함께 만들어가고 싶어요. 그래서 비대면 상황에서도 집콕 놀이를 하는 거예요.

이야기 둘. 나 지금 공부하는 거 아니야

1

새벽에 강의를 준비하고 잠시 눈을 붙인 뒤, 8시쯤 일어날 때였어요. 요엘이가 아빠를 살갑게 부르더니 아침부터 글씨 쓰는 거 도와달라고 찾아왔어요. '동물'이란 제목의 책 저술(?)에 푹 빠져 도움을 구하는 것이었죠.

2

아빠에게 왔다가 엄마에게 갔다가, 책 쓰는 데 몸이 바빠요. 요엘이가 잠에서 덜 깬 아내에게 글씨 쓰는 걸 도와달라고 찾아가자 아내가 그랬어요. "요엘아, 학습 꾸러미 이따 해~." 아침에 할 공부를 미리 하는 줄 알았나 봐요. 공부는 맞지요. 책을 쓰려니 글자를 정확하게 알아야 했으니까요. 요엘이가 바로 대답했어요. "나 지금 공부하는 거 아니야~."

3

요엘이의 그 말이 듣기에 좋았어요. 분명 학습이 일어나고 있는데 공부하는 게 아니에요. 요엘이에게는 놀이죠. 공부하기를 정말 싫어하는 요엘이에게 그 순간만큼은 공부와 놀이의 경계가 없었어요. 몰입의 즐거움, 창작의 기쁨, 그 과정에서 오는 주도적인 배움의 동기를 보았어요. 놀이에는 바로 이런 힘이 있음을 아들을 통해서도 확인해요.

4

사실, 놀이하는 인간과 공부하는 인간의 본질은 닮아 있을지 몰라요. 놀이가 공부가 되고 공부가 놀이가 되는 자기 공부, 인생 공부를 하면 좋겠어요. 부모로서 우리 두 아들이 그럴 수 있도록 지혜를 기르고 실천하려 노력할 거예요.

이야기 셋. 놀이와 장난

1

어느 날 아침, 8살 요엘이가 책을 썼다면서 읽어줬어요. A4 용지를 여러 겹 접어서 한 면에 한 편씩 조각 글들이 모여 만들어진 책이었어요. 글을 쓰기 시작하면서부터 이런 식의 책 쓰기 놀이를 하곤 해요. 책 제목은 '내가 하는 일'이에요. 듣다가 까무러치게 웃은 작품(?) 하나가 있었어요.

'나는 놀이를 한다.
형 괴롭히기 놀이다.
형이 화를 내면 놀이는 끝난다.'

2

사실 요엘이가 표현한 '형 괴롭히기' 놀이는 엄밀히 말해 장난이지 놀이가 아니에요. 장난과 놀이를 구분하는 한 가지가 '규칙'이에요. 놀이에는 상호 합의된 지켜야 할 규칙이 있어요. 장난은 누구 한쪽만 재밌는 경우가 대부분이에요. 놀이는 다 같이 즐거운 자리가 진짜 놀이라 할 수 있어요.

놀이 안에서 규칙을 함께 정하고, 존중하고, 지키는 과정을 통해 아이들은 자연스럽게 민주 시민으로, 또 건강한 인격체로서 갖추어야 할 덕목과 성품을 기르게 되지요. 그런 면에서 부모가 자녀와 함께 놀 때, 놀이의 규칙을 함께 만들고, 합의하고 조율하며, 존중하고 지키는 것에 관심을 기울이는 게 필요해요. 놀이에서 합의된 규칙은 지켜도 되고, 안 지켜도 그만인 것이 아니라 정직하게 꼭 지켜야 하는 것으로 받아들이고 훈련해 나가면 좋아요.

3

잘 놀다가도 장난으로 꼭 형의 심기를 건드려서 화나게 하는 까불이 동생 요엘이. 형은 학교에 가고, 동생은 등교하지 않는 날이었어요. 거실에서 엄마랑 시간을 보내는 둘째가 형은 언제 오는지 계속 물어요. 코로나로 인해 형제는 둘도 없는 놀이 동무가 되었거든요. 결국, 저녁에 함께 한바탕 또 놀았답니다.

동전, 종이컵, 계란판과 같은
간단한 소품과 재료로 즐기는 놀이가 담겨 있습니다.
놀다 보면 자녀들이 기존의 놀이를 응용하거나
자기만의 새로운 놀이를 창조하여
즐기는 모습을 발견하게 될 것입니다.
우리 집만의 놀이 상자를 만들어보세요.

4장

간단한 도구로 즐기는 놀이

4-1 잡아 (1)

"잡아!"라고 말할 때 먼저 앞에 놓인 수건을 재빨리 잡는 놀이

준비물: 수건

1. 세 사람 중 두 사람이 서로 마주보고 선 채 그 가운데 수건을 놓습니다.

2. 시작되면 동요 '머리, 어깨, 무릎, 발, 무릎, 발'을 율동과 함께 부릅니다.

3. 남은 한 사람이 갑자기 "잡아!"라고 외치면 두 사람은 상대보다 먼저 수건을 잡도록 합니다.

4. 이런 식으로 하고 싶은 만큼 해봅니다. 역할을 바꿔서도 합니다.

tip 하나: 재밌게 스트레칭으로 해볼 수 있어요.

tip 둘: 수건 대신 잡기 편한 물건으로 해도 되지요.

tip 셋: 수건을 잡으려다 머리에 부딪히거나 손으로 상대를 할퀴지 않도록 적절하게 떨어져 서요.

tip 넷: "잡아!" 대신에 헷갈리게 '잡지!', '잡을까?' 식으로 말하면 더욱 재밌지요.

같은 놀이 다르게

1. 동요 대신에 한 사람의 지령에 따라 두 손을 갖다 대다가 "잡아"라고 외칠 때 수건을 잡도록 하는 방식도 있습니다.

잡아 (2)

"잡아!"라고 말할 때 먼저 앞에 놓인 지우개를 재빨리 잡는 놀이

준비물: 지우개

1. 세 사람 중 두 사람은 마주보고 앉고 두 사람 사이에 지우개를 놓습니다.

2. 남은 한 사람은 오늘 있었던 이야기를 들려줍니다.

3. 그러다가 갑자기 "잡아!"라고 외치면 두 사람은 상대보다 먼저 지우개를 잡도록 합니다.

4. 어느 정도 하다가 역할을 바꿔서도 해봅니다.

tip 하나: 지우개 대신 인형 같은 잡기 편한 다른 물건도 괜찮아요.

4-3 어디에 있을까?

탁구공이 어느 컵에 있는지 맞추는 놀이

준비물: 종이컵 3개, 탁구공 1개

1. 종이컵 세 개를 뒤집어서 나란히 세웁니다.

2. 컵 하나에 탁구공을 넣어둡니다.

3. 한 사람이 요리조리 컵을 섞고 나면 다른 사람은 탁구공이 어디에 있는지 맞추도록 합니다.

4. 세 번 해서 몇 번 정도 맞히는지 알아봅니다.

5. 역할을 바꿔서도 해봅니다.

tip 하나: 탁구공이 아닌 다른 물건으로도 대체할 수 있어요.

tip 둘: 컵을 섞는 중간에 1초 동안 눈감는 규칙을 추가하면 또 다른 재미가 있어요.

4-4 천으로 덮어요

넓은 천을 펼쳐 날려서 바닥에 있는 물건을 최대한 많이 덮는 놀이

준비물: 천, 여러 작은 물건

1. 바닥에 보자기로 다 가릴 수 있을 만큼 물건 10개를 옹기종기 늘어놓습니다.

2. 바닥 물건을 최대한 많이 덮을 수 있도록 한 사람씩 보자기를 펼쳐서 날리도록 합니다.

3. 최대한 많이 덮을 수 있도록 시도해봅니다.

tip 하나: 놀이의 세부 규칙은 스스로 정해보세요.

tip 둘: 수건으로도 해볼 수 있어요.

같은 놀이 다르게

1. 한 번 던지고 난 수건은 그대로 두고, 다른 수건을 펼쳐 날려서 아직 덮지 못한 물건을 덮도록 합니다. 이런 식으로 물건을 다 덮는 데 몇 개가 필요한지 알아볼 수 있습니다.

4-5 무엇이 사라졌지?

나열된 것 중에서 어떤 물건이 사라졌는지 알아맞히는 놀이

준비물: 작은 물건들

1. 작은 물건 10개를 준비합니다.

2. 탐정 역할을 하는 사람은 물건 10개를 10초 동안 세심하게 관찰합니다.

3. 관찰이 끝나면 잠시 뒤돌아 앉고, 그동안 다른 사람이 30초 동안 물건 3개를 감춥니다.

4. 바닥에 놓인 물건 위치도 서로 바꿔놓습니다.

5. 탐정은 다시 되돌아 앉아 어떤 물건이 사라졌는지 찾아냅니다.

tip 하나: 감춘 물건은 등 뒤로 보이지 않게 두세요.

tip 둘: 각자 물건을 5개씩 찾아와보세요.

10초!

4-6 높은 숫자를 펴라

책을 펴서 오른쪽 페이지의 일의 자릿수가 높으면 이기는 놀이

준비물: 책

1. 책 한 권을 고릅니다.

2. 책을 펴서 오른쪽 페이지의 숫자를 확인합니다.

3. 나온 일의 자릿수가 자기 숫자입니다.

4. 만약, 책을 펴서 139쪽이 나오면 일의 자릿수 9가 자신의 숫자가 됩니다.

5. 이렇게 해서 높은 숫자가 나오면 이깁니다.

tip 하나: 일의 자릿수와 십의 자릿수를 보고 큰 숫자에서 작은 숫자를 뺀 숫자로 할 수도 있어요.

tip 둘: 각자 나온 일의 자릿수를 더해 '0'이 나오거나 특정 수가 나오면 함께 성공하는 방식으로 즐길 수 있어요.

같은 놀이 다르게

1. 펼쳐서 나온 쪽의 십의 자릿수와 일의 자릿수를 더한 숫자를 더 빨리 정확히 말하면 이기는 방식도 있습니다.
2. 한 번씩 번갈아가며 책을 펼치는데, 각 라운드에 펼쳐서 나오는 일의 자릿수를 더해 먼저 100점을 얻은 사람이 이기는 방식도 있습니다.
3. 그림책을 펼쳐서 사람이나 동물 수가 더 많이 나온 사람이 이기는 방식으로 할 수도 있습니다.

4-7 가까이 더 가까이

눈을 감고 최대한 목표 지점 가까이 가서 동전을 내려놓는 놀이

준비물: 동전 2개, 눈가리개

1. 목표 지점에 동전 하나를 놓아둡니다.

2. 첫 번째 사람부터 눈을 가리고 동전을 갖고 출발선에서 나옵니다.

3. 목표 지점의 동전에 가까워졌다고 생각됐을 때 동전을 내려놓습니다.

4. 마지막 사람까지 시도해서 누가 목표 지점의 동전에 가장 가까이 갔는지 알아봅니다.

tip 하나: 공정성을 위해 손으로 바닥을 더듬지 않고 한 번 동전을 내려놓은 그 자리에 놓도록 해요.

tip 둘: 목표 지점을 선으로 표시해도 돼요.

같은 놀이 다르게

1. 한 사람당 3번씩 해서 목표 지점의 동전에 가장 가까이 놓은 지점을 최종 기록으로 하여 겨룰 수도 있습니다.

목표지점

4-8 먼저 말해라

뚜껑을 들어 올릴 때 그 안에 있는 물건을 재빨리 먼저 말하는 놀이

준비물: 뚜껑 또는 천, 작은 물건

1. 두 사람이 서로 마주보고 앉습니다.

2. 심판은 두 사람에게 잠시 눈을 감도록 하고 뚜껑 안에 물건 하나를 넣어둡니다.

3. 눈을 뜨게 하고 "하나, 둘, 셋!"을 외친 뒤에 뚜껑을 열면 그 안에 있는 물건을 상대보다 먼저 외치도록 합니다.

4. 먼저 정확하게 외치는 사람이 이깁니다.

tip 하나: 심판은 뚜껑을 열기 전에 뚜껑을 흔들면서 안에 있는 물건이 무엇인지 미리 짐작해보게 할 수 있어요.

tip 둘: "하나, 둘, 셋!"을 외친 뒤에 바로 안 보여주고 "열까, 말까" 식으로 열 듯, 말 듯 한다면 재미를 더할 수 있어요.

어떤 소리지?

눈을 감은 채 소리를 듣고 어떤 물건인지 맞히는 놀이

준비물: 컵, 시계, 공, 지갑 등

1. 한 사람은 소리 탐정이 되어 눈을 감습니다.

2. 다른 한 사람은 물건을 흔들거나 바닥에 긁거나 두드리는 등 다양한 방법으로 물건을 짐작할 수 있도록 소리를 들려줍니다.

3. 탐정에게 세 가지 물건의 소리를 들려준 뒤, 순서대로 어떤 물건인지 알아맞히게 합니다.

4. 역할을 바꿔서도 해봅니다.

tip: 힌트를 쓸 수 있는 규칙을 추가해보세요.

같은 놀이 다르게

1. 물건 대신 유튜브에서 '뽀드득 눈 밟는 소리', '차바퀴에 비가 깔리는 소리'와 같은 ASMR을 들려주고 알아맞히게 할 수도 있습니다.

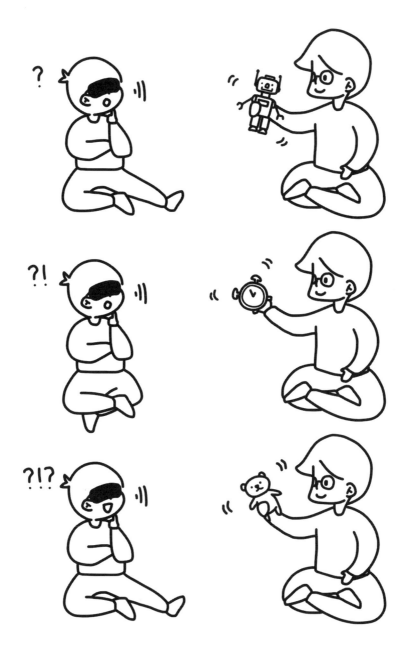

4-10 등 뒤 훔쳐보기

상대의 등 뒤 종이에 적힌 숫자를 훔쳐보고 알아맞히는 놀이

준비물: 종이, 사인펜, 테이프

1. 부모의 등 뒤에 숫자가 적힌 종이를 붙입니다.

2. 시작되면 자녀는 부모의 등 뒤에 숫자를 훔쳐보려고 하고, 반대로 부모는 들키지 않기 위해 요리조리 움직입니다.

3. 자녀가 부모의 등 뒤에 있는 숫자를 알아내면 성공입니다.

tip 하나: 숫자는 굵은 사인펜으로 잘 보이게 크게 적어주세요.

tip 둘: 숫자 대신에 단어를 적을 수 있어요.

tip 셋: 바닥에 눕거나 벽에 붙지 않기로 해요. 그럼 볼 수가 없으니까요.

4-11 멀리 던지기

휴지를 누가 가장 멀리 던지는지 겨루는 놀이

준비물: 휴지

1. 첫 번째 사람부터 기준선에 섭니다.

2. 제자리에서 다섯 바퀴를 돌고 나서 기준선 앞으로 휴지를 최대한 던집니다.

3. 떨어진 지점에 그대로 둡니다.

4. 마지막 사람까지 던져본 뒤에 가장 멀리 날아간 기록을 알아봅니다.

tip 하나: 경기를 하기 전에 연습 시간을 가져보세요.

tip 둘: 새로운 규칙과 방식을 만들어서 즐겨보세요.

tip 셋: 휴지의 특성상 어디로 어떻게 날아갈지 예측하기 어렵고, 마음대로 날리기 어려운 게 묘미예요.

4-12 떨어지는 동전 잡기

한 사람이 동전을 떨어뜨리면 바닥에 동전이 떨어지기 전에
다른 사람이 잡는 놀이

준비물: 동전 1개

1. 두 사람이 마주하여 섭니다.

2. 부모가 눈썹 높이쯤에서 동전을 쥔 손바닥을 펴면 자녀가 동전이 바닥에
   떨어지기 전에 손을 뻗어서 잡습니다.

3. 잡을 때까지 해봅니다.

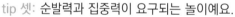

tip 하나: 동전을 떨어뜨리는 지점과 잡는 지점의 높이가 점점 작아지도록 도전해보세요.

tip 둘: 동전을 놓을 때 손에 힘을 가하지 않고 손바닥만 펴서 떨어지게 두세요.

tip 셋: 순발력과 집중력이 요구되는 놀이예요.

4-13 숫자 깨기

1에서 12까지 누가 먼저 숫자를 다 지우는지 겨루는 놀이

준비물: 종이, 주사위 2개

1. 종이에 각각 1에서 12까지 적습니다.

2. 한 사람씩 번갈아가며 주사위 2개를 던집니다.

3. 던져서 나온 숫자 중 하나를 선택해서 지웁니다.

4. 만약 1, 4가 나오면 '1', '4', '1+4' 셋 중에 한 개를 지울 수 있습니다.

5. 이런 식으로 누가 먼저 12개의 숫자를 다 지우는지 알아봅니다.

tip 하나: 같은 수가 나오면 한 번 더 던질 수 있는 규칙을 추가해보세요.

tip 둘: 스스로 재밌는 규칙을 만들어서 즐겨보세요.

I 2 3 4 5 6 7 8 9 10 11 12

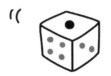

I 또는 4 또는 5
하나 지우기!

I 2 3 4 5 6 7 8 9 10 11 12

4-14 주사위 땅따먹기

주사위를 던져서 나온 숫자만큼 땅을 얻는 방식으로
누가 더 많은 땅을 얻는지 알아보는 놀이

준비물: 주사위 2개, 사인펜

1. 그림처럼 20×20칸이 되는 작은 빙고 칸을 그립니다.

2. 한 사람씩 번갈아가며 주사위 2개를 던집니다.

3. 주사위 2개에서 2와 3이 나오면 원하는 곳에 가로 2, 세로 3이 되는 사각형만큼 땅을 차지합니다.

4. 차지한 땅에는 자기 땅 표시를 합니다.

5. 땅이 얼마 남지 않은 상황에서 주사위 숫자가 땅보다 크면 다음 사람에게 기회가 넘어갑니다.

6. 땅이 아예 남지 않거나 제한 시간이 될 때까지 진행합니다.

7. 최종적으로 차지한 땅의 크기(넓이)를 다 더하고 누가 더 땅을 차지했는지 알아봅니다.

tip 하나: 어느 땅을 차지할지 전략을 잘 세워야 해요.

tip 둘: 오목 노트를 활용해도 돼요.

tip 셋: 놀이 땅의 크기를 너무 크지 않게 하여(10×10, 15×15) 여러 판을 즐겨보세요.

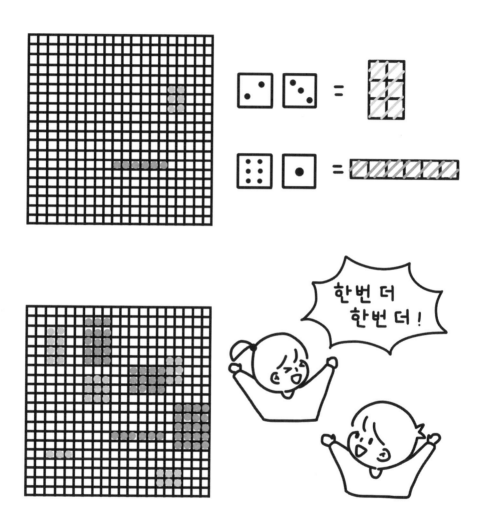

주사위 줄다리기

주사위를 던져서 나온 숫자만큼 말을 옮겨서
자기 진지로 먼저 가져오는 놀이

준비물: 주사위, 말 1개, 놀이판

1. 서로 마주하여 앉고 그림처럼 23칸 되는 길을 그립니다.

2. 길 중앙에 있는 숫자인 12에 말을 놓고 시작합니다.

3. 한 사람씩 번갈아가면서 주사위를 던집니다.

4. 던져서 나온 숫자만큼 자기 진영 쪽으로 말을 옮깁니다.

5. 이런 식으로 먼저 자기 진영에 도착하면 이깁니다.

tip 하나: 길 외에 사다리 등 자유롭게 상상한 대로 그려보세요.

tip 둘: 특정 숫자가 나오면 무조건 뒤로 한 칸을 가는 등 새로운 규칙을 만들어볼 수 있어요.

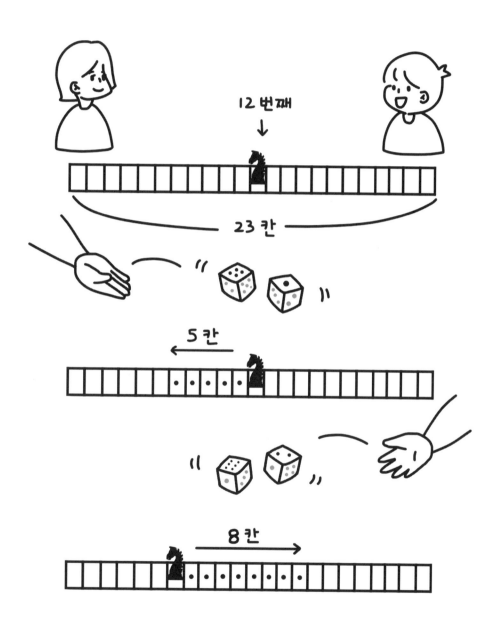

12 번째

23 칸

5 칸

8 칸

5초 안에 말하기

쪽지를 뽑아서 나온 제시어를 보자마자 연상된 단어를 말하는 놀이

준비물: 펜, 쪽지

1. 쪽지를 5개씩 나눠 갖습니다.

2. 쪽지 하나에 제시어 하나를 쓰도록 합니다.

3. 쪽지를 접어서 중앙에 모아 골고루 섞습니다.

4. 한 사람씩 순서대로 쪽지 하나를 뽑아서 제시어를 확인합니다.

5. 다른 사람이 손가락을 하나씩 접으면서 5초를 세는 동안 제시어에 알맞은 답이나 떠오르는 단어 3개를 5초 안에 말하도록 합니다.

6. 5초 안에 3가지를 다 말하면 쪽지를 가져갑니다. 반대로 다 답하지 못하면 쪽지를 한쪽에 치워둡니다.

7. 이런 식으로 마지막 쪽지까지 해서 누가 더 많은 쪽지를 얻었는지 알아봅니다.

tip 하나: 제시어가 과일이라면 '사과, 망고, 귤' 이런 식으로 답할 수 있고, 엄마라면 '주방', '화장', '코' 등을 말할 수 있어요. 엄마처럼 주관적인 답이 나오는 제시어의 경우, 이유를 묻고 공감하면 인정하는 방식으로 해보세요.

tip 둘: 주관적인 대답이 나올 수 있는 제시어를 쓰면 이야기가 더 풍성해지고 재밌어요.

4-17 코 카드

최대한 빨리 같은 숫자의 카드 4장을 모으는 놀이

준비물: 카드

1. 1명당 4장씩 같은 숫자의 카드를 판에 깔고 골고루 섞어줍니다. 만약 참가자가 4명이면 4종류의 숫자 카드와 총 16장의 카드가 필요하겠지요.

2. 골고루 섞은 카드를 한 사람에 4장씩 나눠줍니다.

3. 카드를 다 받고 나면 마음속으로 어떤 카드를 모을지 정합니다.

4. 준비가 끝나면 다 같이 동시에 "하나, 둘, 셋!" 외치고 자신이 필요 없는 카드 하나를 오른쪽 사람에게 전해주고, 동시에 왼쪽 사람이 건네준 카드를 재빨리 집어 듭니다.

5. 이런 식으로 같은 숫자의 카드 4장을 다 모으는 사람이 나올 때까지 합니다. 4장을 다 모은 사람은 카드를 중앙에 내려놓고 손바닥을 코에 갖다 대면서 "코!"를 외치면 됩니다.

6. 하고 싶은 만큼 즐겨보세요.

tip 하나: 10명 이내로 여러 사람이 하면 더욱 재밌어요. 마지막에 "코!"를 외치는 사람이 나올 때까지 해보세요.

tip 둘: 3명이 해도 의외로 흥미진진해요.

tip 셋: 숫자가 아닌 그림으로 된 카드로도 할 수 있어요.

tip 넷: 열쇠 삼촌이 몽골에 있을 때 알게 된 놀이예요.

4-18 1분 글자 찾기

1분 안에 집 안에 놓인 물건에서 글자를 찾는 보물찾기 놀이

준비물: 스티커

1. 한 사람이 두 글자로 된 도전 단어를 제시합니다.

2. 다른 한 사람은 글자를 구성하는 낱낱의 자음과 모음을 찾아 스티커를 붙입니다.

3. 60초 안에 다 찾아서 붙이면 성공입니다.

tip 하나: 예컨대 의자 다리를 보면 기역, 니은, 디귿 모양이 나올 수 있지요.

tip 둘: 단어를 좀 더 어렵게 해서 도전 수준을 높여보세요.

행운의 숫자 모으기

주사위를 던져서 행운의 숫자 10개를 먼저 모으면 이기는 놀이

준비물: 주사위 3개

1. 1에서 6 사이에 행운의 숫자 하나를 정합니다.

2. 순서대로 한 사람에 1번씩 번갈아가며 주사위 3개를 던집니다.

3. 행운의 숫자가 나온 개수만큼 점수를 얻습니다.

4. 행운의 숫자가 3개 다 나오면 추가로 3점을 얻습니다.

5. 먼저 10점을 넘기는 사람이 이깁니다.

tip 하나: 시작하기 전에 1번씩 주사위를 던져서 가장 작게 나온 수나 크게 나온 수를 행
운의 숫자로 정해보세요.

tip 둘: 같은 수가 3번 나오면 한 번 더 던지는 규칙을 추가해보세요.

tip 셋: 여러분만의 규칙과 방법을 만들어 즐겨보세요.

4-20 풍선 띄우고 종이컵 담기

풍선을 띄운 채 바닥에 있는 종이컵들을 바구니에 옮겨 담는 놀이

준비물: 풍선, 종이컵, 바구니

1. 바구니를 가운데 놓고 양옆으로 종이컵을 나란히 10개씩 놓습니다.

2. 두 사람은 바구니를 중심으로 양옆에 풍선을 하나씩 들고 앉습니다.

3. 시작되면 풍선을 머리 위로 띄우고, 풍선이 땅에 떨어지기 전에 종이컵을 하나씩 집어 바구니에 넣습니다.

4. 풍선이 땅에 닿기 전에 다시 풍선을 쳐서 띄우고 그사이에 또 종이컵을 옮겨 담습니다.

5. 먼저 종이컵을 다 옮겨 담은 사람이 이깁니다.

tip 하나: 풍선이 땅에 닿으면 무조건 진 거예요.

tip 둘: 종이컵 대신 탁구공이나 다른 물건으로 대신할 수 있어요.

같은 놀이 다르게

1. 종이컵을 곳곳에 흩어놓고 한 사람씩 도전해볼 수도 있습니다. 얼마나 걸렸는지 기록을 재봅니다.

2. 띄워 올린 풍선이 땅에 떨어지기 전에 바구니에 공을 최대한 많이 담고, 풍선이 바닥에 떨어지기 전에 잡도록 합니다. 담은 만큼 점수가 인정됩니다. 만약 풍선이 바닥에 닿으면 옮겨 담은 건 취소됩니다.

4-21 어느 손에 있을까?

어느 손에 동전이 있는지 알아맞히는 놀이

준비물: 동전

1. 한 사람이 경찰이 되고, 두 사람이 도둑들이 됩니다.

2. 도둑들은 양손을 주먹 쥔 채 앞으로 뻗고, 동전이 있는 손을 펴서 보여줍니다.

3. 경찰이 잠시 뒤로 돌아앉는 동안 도둑들은 몰래 다른 손으로 동전을 옮깁니다.

4. 경찰이 다시 돌아앉아 동전이 어디에 있는지 맞혀봅니다.

tip 하나: "어디 있을까? 어디 있을까?"처럼 추임새를 넣으면 더 흥미를 돋울 수 있어요. 대신 놀리지는 말아요.

tip 둘: 경찰은 도둑을 재미있게 조사하고 도둑은 연기하면서 경찰이 헷갈리도록 해보세요.

tip 셋: 단둘이서도 할 수 있겠지요.

같은 놀이 다르게

1. 4명 이상이면 팀으로 나눠서 해볼 수 있습니다.

4-22 패셔니스타

자녀가 여러 가지 재료로 부모를 꾸며주는 놀이

준비물: 옷가지, 천, 립스틱, 고무줄 등

1. 자녀는 아빠를 어떻게 꾸며줄지 구상합니다.

2. 구상에 맞게 소품과 재료를 챙겨와 꾸며줍니다.

3. 완성되면 패셔니스타(부모)는 멋진 워킹 무대를 보여줍니다.

4. 자녀들과 기념사진도 촬영해봅니다.

tip 하나: 고무줄, 신문지, 상자, 색종이, 립스틱, 천, 선글라스, 옷가지 등 다양한 소품과
재료를 활용해보세요.

tip 둘: 미리 어떤 이미지와 분위기로 꾸밀지 계획해보세요.

주사위 빙고

주사위 2개를 던져서 나온 수의 조합으로 즐기는 빙고 놀이

준비물: 색깔이 다른 주사위 2개, 종이, 펜

1. 6×6 빙고 용지를 그립니다.

2. 그림처럼 주사위 2개를 던져서 나올 수 있는 수의 조합을 자유롭게 적어 넣습니다.

3. 참고로 색깔이 다른 주사위 2개를 던져서 나올 수 있는 수의 조합은 '1-1, 1-2, 1-3, 1-4, 1-6' 식으로 총 36개입니다.

4. 놀이판을 다 만들고 나면 순서를 정해 첫 번째 사람부터 번갈아가며 주사위 2개를 던집니다.

5. 해당 숫자의 조합이 적힌 칸을 자기 땅으로 표시합니다. 예컨대 3과 6이 나오면 3-6이라고 적힌 칸에 'O'나 'X'로 표시하면 됩니다.

6. 이런 식으로 먼저 가로, 세로, 대각선으로 한 줄을 만든 사람이 "빙고!"를 외치면 이깁니다.

tip 하나: 색깔이 다른 주사위 2개 대신 크기가 다른 주사위거나, 주사위 하나에만 표시하거나, 주사위 하나로 두 번을 던지는 식으로 할 수도 있어요.

tip 둘: 놀이판 2개를 만들어 자기 놀이판에 표시하는 방식으로 빙고를 만들 수도 있어요.

2-6	1-1	6-1	2-3	6-3	4-4
3-1	5-1	5-4	3-3	6-4	2-2
4-5	4-6	1-2	5-6	4-2	4-4
5-3	2-5	6-2	2-4	6-6	4-1
3-4	5-2	1-3	4-3	6-5	2-1
1-5	3-2	5-5	3-5	1-6	3-6

= 6 - 2

= 2 - 1

빙고!

2-6	1-1	6-1	2-3	6-3	4-4
3-1	5-1	5-4	3-3	6-4	2-2
4-5	4-6	1-2	5-6	4-2	4-4
5-3	2-5	6-2	2-4	6-6	4-1
3-4	5-2	1-3	4-3	6-5	2-1
1-5	3-2	5-5	3-5	1-6	3-6

천장에 붙은 풍선

풍선을 천장에 붙이고 종이비행기로 맞혀서 떨어뜨리는 놀이

준비물: 일반 풍선

1. 풍선을 불어서 묶어줍니다.

2. 풍선을 머리에 충분히 비벼준 후 천장에 대면 달라붙습니다.

3. 천장에 원하는 자리를 잡아 붙여봅니다.

4. 종이비행기를 날려서 풍선을 맞혀 떨어뜨려봅니다.

tip 하나: 풍선을 천장에 붙이는 것만으로도 재밌어요.

tip 둘: 종이비행기 대신 종이를 뭉쳐서 공을 만들어 사용할 수도 있어요.

tip 셋: 풍선을 쳐서 천장에 붙은 풍선을 떨어뜨리는 방식도 재밌어요.

종이컵 삼목

종이컵을 던져서 세우면 원하는 곳에 놓는 방식으로,
먼저 삼목을 만들면 이기는 놀이

준비물: 종이컵, 3×3 빙고 판

1. 그림처럼 3×3 빙고 판을 만들거나 그려서 두 사람 사이에 놓습니다.

2. 각자 종이컵을 6개씩 갖고, 종이컵 바닥 면에 'O', 'X'를 표시하여 상대와 종이컵을 구분합니다.

3. 시작되면 동시에 각자 종이컵을 던져서 세우도록 합니다.

4. 종이컵을 세우는 대로 빙고 판의 원하는 위치에 바닥 면이 보이게 세워놓습니다.

5. 이어서 다른 종이컵을 던져서 같은 방식으로 진행합니다.

6. 이런 식으로 종이컵을 놓아 가로, 세로, 또는 대각선으로 먼저 한 줄을 만든 사람이 이깁니다.

tip 하나: 빙고 칸에 컵이 들어갈 수 있는 크기로 판을 만들어주세요.

tip 둘: 상대가 빙고를 못 하도록 잘 막기도 해야 해요.

빙고!

4-26 추적 보물찾기

쪽지의 수수께끼를 풀어서 얻은 단서로 보물을 찾는 놀이

준비물: 쪽지와 보물

1. 첫 번째 단서가 있는 쪽지를 보여줍니다.

2. 쪽지의 수수께끼를 풀면, 다음 쪽지가 있는 장소에 대한 단서를 알게 됩니다.

3. 단서를 바탕으로 다음 쪽지가 있는 장소로 이동하여 쪽지를 찾습니다.

4. 같은 방식으로 수수께끼를 풀어 다음 단서를 알아냅니다.

5. 이런 식으로 마지막 장소까지 이동합니다.

6. 최종 장소에서 실제 선물이 적혀 있는 쪽지나 선물을 찾아냅니다.

tip: 보물로 생일선물이나 편지, 또는 저녁 가족 파티를 위한 치킨 쪽지를 둘 수 있어요.

같은 놀이 다르게

1. 집 안을 옛날 지도처럼 그려 보물이 있는 대략적인 구역만 표시해 보물을 찾도록 할 수도 있습니다.

첫번째 단서

책상?
의자?

OO이 공부 하는 곳

두번째 단서

엄마가 음식할 때 자주 여는 곳

부엌?

세번째 단서

세상의 지식과 지혜가 담긴 물건이 가득한 곳

네번째 단서

!?
책상

OO을 세상에서 가장 사랑하는 사람

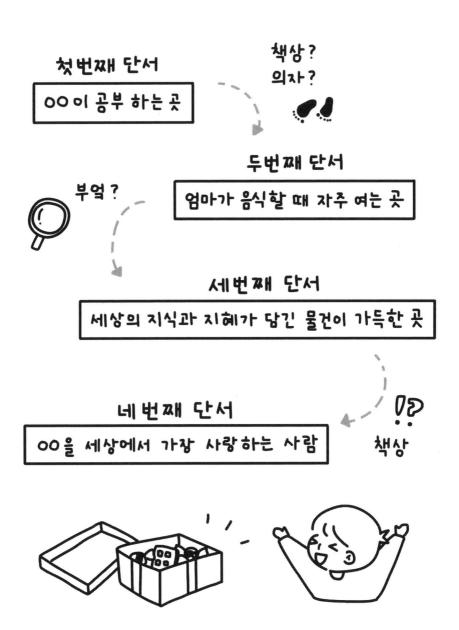

발가락 낚시

발가락으로 점수가 적힌 포스트잇을 낚는 놀이

준비물: 포스트잇

1. 포스트잇에 각각 점수를 쓰고 접착면이 드러나게 뒤집습니다.

2. 골고루 섞어주고 한 사람씩 번갈아가며 발가락으로 포스트잇을 낚아 올립니다.

3. 포스트잇이 사라질 때까지 계속합니다.

4. 포스트잇에 적힌 점수를 합산하여 점수가 많은 사람이 이깁니다.

tip 하나: 발가락을 살짝 누르듯이 대기만 해도 잘 붙어서 포스트잇이 좋아요.

tip 둘: 접착면 없이 일반 종이로 제작해도 괜찮아요.

같은 놀이 다르게

1. 눈을 감고 할 수도 있습니다. 발가락으로 건져 올리지 못하면 다음 사람에게 순서가 넘어가는 규칙을 추가할 수 있습니다.

$$2 \quad 1 \quad 4 = 7 \qquad 5 \quad 3 \quad 6 = 14$$

슝!

4-28 짝 퍼즐 맞히기

카드를 옮겨서 상하 또는 좌우로
같은 수나 모양의 카드가 붙어 있도록 퍼즐을 맞히는 놀이

준비물: 종이

1. 같은 수의 카드가 2장씩인 카드 14개(총 7쌍)를 준비합니다.

2. 그림처럼 같은 수의 카드가 상하, 좌우로 연이어 있지 않도록 4×4 모양으로 두 칸을 비워두고 배치합니다.

3. 시작되면 빈칸을 이용하여 카드를 1칸씩 옮기는 방식으로 같은 숫자가 상하 또는 좌우로 이어지도록 최대한 많은 쌍의 짝 카드를 맞힙니다.

4. 1분이 지난 뒤에 상하 또는 좌우로 배치된 같은 수의 카드가 몇 쌍인지 알아봅니다.

tip 하나: 카드는 종이로 만들면 돼요.

tip 둘: 숫자 대신에 모양으로 해도 돼요.

tip 셋: 4×4 외에 5×5, 6×6식으로 더 크게 제작할 수도 있어요.

같은 숫자

□ □ × 7 = 14장 !!

1	4	2	5
2	3	1	3
5	4	6	7
6	7		

1	1	4	4
3	3	5	5
6	7	2	2
6	7		

4-29 추리 탐정

단서가 되는 단어들을 보고 정답을 알아맞히는 놀이

준비물: 종이, 펜

1. 한 사람이 단서가 되는 단어 3가지를 제시합니다.

2. 다른 한 사람은 추리 탐정이 되어 단서를 갖고 정답을 맞힙니다.

3. 예컨대 '바나나', '동물', '긴 팔'이라고 단서를 주면 정답은 '원숭이'라고 맞히는 식입니다.

4. 여러 번 해봅니다.

tip 하나: 문제를 내기 전에 각자 미리 문제를 만들어보세요.

tip 둘: 음식, 동물, 스포츠, 인물 등 다양한 주제로 할 수 있어요.

tip 셋: 모두가 알고 있는 것으로 해야 다 같이 즐길 수 있어요.

같은 놀이 다르게

1. 여러 사람이 참여하면 탐정을 제외한 사람들은 미리 제시어(정답)를 공유하고 각자 한두 개씩 단서를 주는 방식으로 즐길 수 있습니다.

4-30 물에 흠뻑 젖은 종이

물에 적신 종이를 뭉쳐 벽에 던져서 붙이는 놀이

준비물: 종이, 펜

1. 종이를 물에 충분히 적십니다.

2. 종이를 공처럼 뭉치고 눌러서 적당히 물을 뺍니다.

3. 적당한 크기로 떼어 내어 종이공 여러 개를 만듭니다.

4. 욕실 벽에 던져서 붙입니다.

tip 하나: 다 쓴 종이를 활용해보세요.

tip 둘: 안전에 유의하세요.

tip 셋: 스트레스를 풀어보세요.

tip 넷: 다 놀고 나면 깨끗하게 정리하세요. 이 놀이는 엄마가 싫어할 수 있어요.

청소는 꼭 다같이 함께 해요!

4-31 물건이 어디에 있었더라?

처음 각 물건이 놓인 위치를 기억하여 함께 원래대로 배치하는 놀이

준비물: 작은 물건 9개

1. 한 사람은 탐정이 되어 뒤돌아 앉고 다른 한 사람은 그림처럼 3×3 형태로
   임의로 물건을 배치합니다.

2. 탐정을 돌려 앉혀 3초 동안 물건의 위치를 기억하도록 합니다.

3. 3초 후 탐정은 다시 뒤돌아 앉고, 다른 사람은 물건을 섞어서 흩어놓습니다.

4. 탐정은 섞인 물건들을 처음 위치에 정확하게 놓도록 합니다.

5. 성공하면 역할을 바꿔서도 해봅니다.

tip 하나: 물건 대신 그림 카드로 할 수 있어요.

tip 둘: 3초에 성공하면 2초, 1초만 보여주고 맞혀보도록 해요.

tip 셋: 여러 사람이 하면 서로 협력해서 해볼 수 있어요.

종이컵 풍선 총

종이컵과 풍선으로 발사기를 만들어서 즐기는 놀이

준비물: 종이컵, 풍선, 가위, 테이프, 탁구공

1. 종이컵 바닥을 칼로 도려냅니다.

2. 그림처럼 풍선 끝을 살짝 자르고, 풍선을 부는 입꼬리는 묶어줍니다.

3. 풍선을 자른 쪽으로 컵을 씌워주고 테이프를 붙여 고정합니다.

4. 종이컵에 탁구공을 넣고 풍선 입꼬리를 잡아당겼다가 놓아주면 탁구공이 발사됩니다.

5. 이 원리를 이용하여 직접 놀이를 만들어 즐겨봅니다.

풍선 총으로 할 수 있는 놀이

1. 종이컵을 피라미드처럼 쌓아두고 탁구공을 쏘아 쓰러뜨리는 놀이를 할 수 있습니다.
2. 탁구공을 쏘아 컵이나 상자에 넣는 놀이를 할 수 있습니다.
3. 한 사람이 탁구공을 쏘면 다른 사람이 손으로 받는 놀이를 할 수 있습니다.
4. 종이컵에 색종이를 작게 잘라서 넣고 쏘면 폭죽놀이도 할 수 있습니다.

종이컵

칼

※ 칼은
조심해서
사용해요!

풍선

가위

테이프로 고정!

묶어줘요!

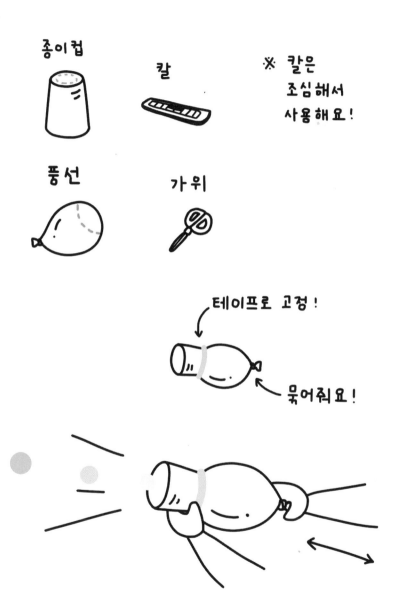

4-33 숟가락 총

플라스틱 숟가락에 올린 탁구공을 쏘아서
표적을 맞히거나 쓰러뜨리는 놀이

준비물: 플라스틱 숟가락 1개

1. 플라스틱 숟가락에 탁구공을 올립니다.

2. 그림처럼 숟가락을 뒤로 젖혔다가 놓는 방식으로 탁구공을 발사합니다.

3. 이 원리를 이용하여 직접 놀이를 만들어서 즐겨봅니다.

숟가락 총으로 할 수 있는 놀이

1. 종이컵이나 페트병, 가방 등 표적을 정하여 맞히는 놀이를 할 수 있습니다.
2. 종이컵으로 피라미드를 쌓고 숟가락 총으로 맞혀서 쓰러뜨리는 놀이를 할 수 있습니다.
3. 탁구공 대신 작은 종이공을 많이 만들어서 요리조리 숨고 피하고, 동시에 서로 종이공을 쏘아 맞히는 식으로 숟가락 총싸움을 할 수 있습니다.

이야기 하나. 친구들과 함께한 집콕놀이

1

한 작은도서관에서 작가와의 만남으로 '친구들과 함께하는 집콕놀이' 3회기를 한 적이 있어요. 형제나 남매, 친구들이 함께 참여하는 프로그램이었지요. 열쇠 삼촌은 어린이들에게 놀이가 수업이나 체험이 아니라 놀이가 되도록 하고 싶어요. 지금-여기의 놀이 세계를 누리고 가정으로 돌아가서도 놀이하는 일상을 만들어갈 수 있도록 함께하고 싶었어요.

2

우리는 놀았던 이야기를 일기로 써서 올리기도 했어요. 한 어린이의 일기에서 놀이의 즐거움을 만날 수 있었어요.

'오늘은 집콕놀이를 했다. 집콕놀이에서 재미있는 놀이를 많이 배웠다.
그중에서 가장 재미있었던 놀이는 빨래집게 닌자였다.
빨래집게 닌자는 빨래집게를 다른 사람에게 몰래 다는 놀이이다.
몰래 집게를 다른 사람에게 달 때마다 가슴이 조마조마했다.
왜냐면 그 사람에게 걸릴 수도 있기 때문이다.
그 외에 많은 놀이도 배웠다.
집콕놀이를 끝내고 도서관에서 가서 집콕놀이책을 빌려서 읽었다.'

3

우리는 누구도 놀이를 가르쳐주지 않았어요. 그저 함께 놀았지요. 즐겁게 놀다 보니 자연스럽게 알게 되었고, 더 놀고 싶으니 책도 빌려서 집에 가서 가족과도 놀았어요. 이외에도 후기에는 딸들이 놀고 와서 집에서도 했다는 이야기, 남매가 너무 재밌었다고 동생들과 배운 놀이를 다양하게 해보더라는 이야기, 친구들과도 같이 재밌게 놀았다는 이야기들이 있었어요.

《슬기로운 집콕놀이 101》을 쓰면서 어린이와 가족들이 언제라도 꺼내 쓸 수 있는 행복한 놀이주머니가 되길 바랐기에 놀고 나서 집에 가서도 가족과 놀았다는 이야기가 참 감사했어요. 마지막 회기에는 처음으로 어린이 독자에게 사인 요청을 받고 사인을 해주는 영광을 누리기도 했어요.

4

계속하는 거 아니었냐며 3회기란 말에 아쉬워하던 친구들, 코로나 19로 에너지 발산할 곳이 없었는데 작가님과 함께 즐거운 추억을 만들었다며 행복했다는 부모님들의 인사에 따뜻한 마음이 전해져 왔습니다. 덕분에 열쇠 삼촌도 큰 힘을 얻었어요.

이야기 둘. 어린이들이 들려준 이야기

1

집 밖에 나가기 어려운 코로나 시기에 지역사회 나눔 프로젝트 중 하나로 '부모와 자녀가 함께하는 비대면 가족놀이'를 시도했어요. 나눔 프로젝트로 시작한 것이 기회가 되어 초등 저학년 자녀와 부모를 위한 '슬기로운 집콕놀이'를 주제로 20회 가까이 비대면으로 가족놀이 프로그램을 진행하기도 했어요.

2

다양한 기관과 협력하여 프로그램을 진행하면서 다시 한 번 확인한 사실이 있어요. 참가 부모들은 크게 두 부류였어요. 처음부터 끝까지 자녀와 함께하면서 참여한 부모들과, 아이 맡기듯 아이만 참여시키고 자리를 비우거나 중간중간 자리를 비우며 띄엄띄엄 참여한 부모들 그렇게요. 대부분 전자였으나 미리 안내를 드려도 간혹 후자인 경우가 있었답니다. 당연히 부모의 참여 태도에 따라 아이와 가족이 경험하는 깊이와 내용, 소감이 달랐지요.

3

놀이는 나 대신 누가 놀아줄 수 없어요. 마찬가지로 부모와 자녀 관계 역시 다른 사람이 부모 대신 자녀와 관계 맺을 수 없는 노릇이지요. 결국, 놀이할 때 자녀를 놀리는 게 아니라 부모가 함께 노는 마음가짐, 자녀와 어떻게 시간을 보내느냐가 중요해요. 아이들은 다 느껴요. 우리 아빠, 엄마가 나와 진심으로 함께하고 있는지 아닌지 말이죠. 우리 아이와 어떻게 시간을 보내는지가 곧 아이들이 느끼는 부모의 사랑의 모양이자 결을 낸다는 사실을 다시금 확인합니다.

비대면 가족놀이 프로그램을 하면서 몇몇 아이들이 했던 소감 한마디가 마음에 남아요. "엄마랑 함께한 모든 놀이가 재밌었어요!", "아빠랑 놀아서 행복했어요." 기억하면 좋겠어요. 어린이들은 '놀이'를 하는 것보다 '아빠, 엄마'와 함께한다는 것이 행복한 놀이고, 더 중요하다는 사실을요.

자연스럽고 편안한 대화를 촉진하고
웃으면서 정겹게 이야기를 나누는
대화 놀이가 담겨 있습니다.
사랑의 첫 번째 의무는
상대의 이야기에 귀 기울이는 거래요.

서로를 존중하고, 상대의 이야기에 귀 기울여주세요.
대화는 마음을 읽는 놀이이며
마음과 마음을 잇는 놀이예요.

5장

대화 놀이

사다리 타기 대화

당첨된 쪽지에 적힌 질문에 대답하며 이야기를 나누는 놀이

준비물: 펜, 종이, 대화 쪽지

1. 그림처럼 인원수의 2배로 된 세로 선을 그리고 자유롭게 가로 선을 이어서 함께 사다리를 만듭니다.

2. 질문이 적힌 쪽지를 접어서 임의로 사다리의 각 도착 지점에 하나씩 놓아 둡니다.

3. 한 사람에 2개의 출발 지점을 선택합니다.

4. 순서대로 한 사람씩 사다리를 타고 도착한 지점의 쪽지를 열어서 질문에 대답합니다.

5. 이런 식으로 마지막까지 도란도란 이야기를 나눠봅니다.

tip 하나: 다양한 질문을 직접 만들어보세요.

tip 둘: 재밌는 미션을 곁들여 해보세요.

tip 셋: 쪽지를 바꿔서 계속해볼 수 있어요.

대화 쪽지 예시

1. 만약에 내가 투명 인간이 된다면?
2. 만약에 내가 한 가지 초능력을 가질 수 있다면?
3. 만약에 내가 하루만 살 수 있다고 한다면?
4. 만약에 내게 타임머신이 생긴다면?
5. 만약에 내가 현재를 바꿀 수 있다면?
6. 만약에 내가 동물이 된다면?
7. 만약에 내가 무엇이든지 될 수 있다면?
8. 만약에 내가 하루 동안 부모/자녀가 된다면?
9. 만약에 내게 적은 대로 일이 일어나는 일기장이 생긴다면?
10. 만약에 내가 유튜버가 된다면?

5-2 이야기 자판기

자녀가 주문하는 대로 부모가 이야기를 들려주는 놀이

1. 부모가 이야기 자판기가 됩니다.

2. 자녀가 부모에게 듣고 싶은 이야기 주제를 자유롭게 말합니다.

3. 주문받은 대로 이야기를 들려줍니다.

tip 하나: 어린 시절, 친구, 연애, 결혼 등 부모에 대해 궁금한 주제의 예시를 들어주세요.

tip 둘: 잠자기 전에 들려주면 더욱 좋아요.

tip 셋: '귀 기울여 듣기', '다 듣고 나서 질문하기' 등 이야기 자판기의 약속을 공유하고 나눠보세요.

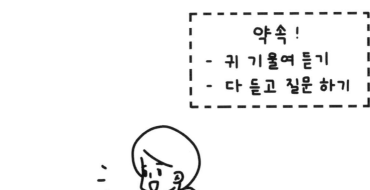

꼭 둘 중 하나

쪽지 안에 적힌 2가지 중 하나를 고르고 그 이유를 나누는 놀이

준비물: 질문지

1. 각자 둘 중 하나를 고르는 질문 쪽지를 3개씩 만듭니다.

2. 쪽지를 접고 가운데 모읍니다.

3. 한 사람씩 순서대로 쪽지를 뽑고 둘 중 하나를 고른 뒤에 그 이유를 말합니다.

4. 이런 식으로 여러 번 해봅니다.

tip 하나: '밸런스 게임'으로 많이 알려져 있어요.

tip 둘: 다음의 예시 질문을 활용해도 좋고, 직접 만들어 즐겨도 좋아요.

평생 샤워 안 하기 vs 평생 양치 안 하기

짜장 라면 vs 국물 라면

과거로 돌아가는 능력 vs 미래를 보는 능력

날아다니는 능력 vs 사라지는 능력

1년 동안 시베리아에서 살기 vs 1년 동안 사막에서 살기

라면 vs 치킨

1억 받고 스마트폰 1년 안 하기 vs 1만 원 받고 스마트폰 원 없이 하기

부자로 50년 살기 vs 건강한 몸으로 100년 살기

호텔 공중화장실에서 아이스크림 먹기 vs 우리 집 화장실에서 아이스크림 먹기

여름에 겨울옷 입고 다니기 vs 겨울에 반팔 옷 입고 다니기

글 잘 쓰는 능력 vs 글씨 예쁘게 쓰는 능력

똥맛 카레 vs 카레맛 똥

양념 치킨 vs 후라이드 치킨

몸에 털이 너무 많음 vs 머리털, 코털, 눈썹 없음

아이스크림 라면 vs 초콜릿 라면

5-4 나는 누구일까요?

쪽지 안에 적힌 2가지 중 하나를 고르고 그 이유를 나누는 놀이

1. 한 사람은 화자가 되어 자신이 자주 쓰거나 몸에 있는 물건 중 하나를 떠올립니다.

2. 그 사물이 되어 2분 정도 자신의 하루를 들려주도록 합니다.

3. 다른 사람은 이야기를 다 듣고 한두 가지 질문을 던집니다.

4. 마지막으로 그 사물이 무엇인지 알아맞혀봅니다.

5. 역할을 바꿔서도 합니다.

tip 하나: 주제를 '오늘 하루', '자기소개' 등 원하는 주제를 정해보세요.

tip 둘: 신발, 칫솔, 책, 노트, 안경, 일기장 등 자신과 가까운 물건이면 무엇이든지 좋아요.

5-5 텔레파시 단어 적기

제시어를 보고 떠오르는 단어를 적은 뒤
서로 얼마나 많이 같은 단어를 적었는지 알아보는 놀이

준비물: 종이, 펜

1. 첫 번째 사람이 제시어를 말합니다.

2. 각자 제시어를 듣고 떠오르는 단어 5개를 상대가 보지 않게 적도록 합니다.

3. 다 적고 나면 몇 개나 같은 걸 적었는지, 다르게 적은 것은 무엇인지 확인하
   며 이야기를 나눕니다.

tip 하나: 제시어는 과일, 스포츠, 자녀의 잘생긴 신체 부위, 엄마/아빠 잘하는 것 등 다양
         하게 해볼 수 있어요.

tip 둘: 정답을 적기 전에 눈빛을 주고받으며 신호를 보내보세요.

같은 놀이 다르게

1. 여러 명이 할 경우, 한 사람씩 제시어에 떠오르는 단어 하나를 말하고 같은 단어를
   적은 사람을 확인합니다. 같은 것을 적은 숫자만큼 점수를 얻습니다. 혼자만 적으
   면 0점입니다.

2. 한 사람씩 번갈아가며 말하는 방식으로 모든 사람이 단어를 다 말할 때까지 합니
   다. 누가 가장 많은 점수를 얻었는지 알아보고 축하해줍니다.

제시어
과 일 !

1. 사과 2. 포도 3. 귤 4. 감 5. 딸기	1. 수박 2. 포도 3. 사과 4. 배 5. 귤

5-6 나를 맞혀보세요

한 사람이 자신에 관해 문제를 내면 다른 한 사람이 맞혀보는 대화 놀이

준비물: 종이, 펜

1. 상대와 문제를 내는 영역을 함께 정합니다.

2. 객관식과 주관식을 섞어서 10개 정도 되는 문제지를 만들어봅니다.

3. 문제지를 바꾸어 풀고 난 뒤에 한 문제씩 정답을 알아봅니다.

4. 정답을 가지고 도란도란 이야기를 나눠봅니다.

tip 하나: 좋아하는 것/싫어하는 것/하고 싶은 것, 친구, 고민, 오늘 하루 등 문제 영역은
　　　　 다양해요. 가끔 영역을 달리해서 즐겨보세요.

tip 둘: 말로만 문제를 낼 수 있어요.

tip 셋: 서로 힌트를 줄 수도 있어요.

나를 맞혀 보세요!

이름:_____

1. 내가 좋아하는 과일은?
   ① 수박 ② 참외
   ③ 귤 ④ 딸기

2. 학교에서 나는 몇학년 몇반 이죠?

   (   )

3. 내가 좋아하는 친구 3명은?

   (   )

   ⋮

6. 내가 이가 처음 빠진 나이는?
   ① 6살 ② 7살 ③ 8살

7. 요즘 내가 가고 싶은 곳은?
   ① 학교 ② 놀이터
   ③ 바다 ④ 친구집

   ⋮

5-7 놀이와 질문 수집

영역별 놀이 또는 질문을 하나씩 수집하는 놀이

준비물: 놀이 양식지, 펜

1. 미리 주사위 2개 중 하나는 가로줄, 다른 하나는 세로줄로 정합니다.

2. 첫 번째 사람부터 주사위를 던져서 해당 칸의 놀이나 운동을 하거나 질문에 대답합니다.

3. 다 하고 나면 자신이 수집했다는 표시를 합니다.

4. 이런 식으로 영역별로 한 가지 이상씩 먼저 수집한 사람이 나올 때까지 합니다.

tip 하나: 주사위를 던진 사람뿐 아니라 그 사람이 지목한 사람도 수행해요. 단, 수집은 주사위를 던진 사람만 해요.

tip 둘: 놀이 양식지 내용을 바꿔서 해보세요.

놀이 양식지 영역별 소개

1. 만약에 내가: '만약에 내가… ' 질문에 대답합니다.
2. ○○ vs ○○: 텔레파시 말하기로 다 같이 "하나, 둘, 셋!"을 외치고 두 개 중 하나를 외쳐서 세 번 안에 같은 것을 말하면 성공합니다. 실패하면 수집할 수 없습니다.
3. 운동: 팔굽혀펴기 5회와 같이 제시된 운동을 합니다.
4. 가족 질문: 가족에 관한 질문에 대답합니다.
5. 무엇이든 물어보세요: 다른 사람에게 질문을 받아서 대답합니다. 부모의 어린 시절, 연애, 결혼 이야기, 자녀의 친구, 학교 이야기, 주사위를 던진 사람에 관한 이야기 등 자유롭게 할 수 있습니다.
6. 오늘… : 오늘 하루를 돌아보는 질문에 대답합니다.

	1	2	3	4	5	6
1	만약에 내가 투명 인간이 된다면?	만약에 내가 한 가지 초능력을 가질 수 있다면?	팔굽혀 펴기 5회	무릎 구부린 채 앞으로 10걸음 걷기	우리 가족의 자랑할 점은 무엇인가요?	가족 한 사람, 한 사람 고마운 점은 무엇인가요?
2	만약에 내게 타임머신이 생기면?	만약에 내가 무엇이든지 될 수 있다면?	벽에 기대서 물구나무서기 10초	제자리에서 10바퀴 돌기	내가 생각하는 우리 집 3대 뉴스는 무엇인가요?	행복한 가족의 추억은 무엇인가요?
3	만약에 내가 하루 동안 부모/자녀가 된다면?	만약에 내게 1억이 생긴다면?	윗몸일으키기 5회	한쪽 다리 들고 양 팔 벌려 10초 동안 균형 잡고 서기	내가 빌고 싶은 소원은 무엇인가요?	내가 좋아하는 세 가지는 무엇인가요?
4	노래 vs 춤	산 vs 바다	무엇이든 물어보세요 1	무엇이든 물어보세요 2	오늘 하루 동안 본 것은 무엇인가요?	오늘 하루 새로 알게 된 것은 무엇인가요?
5	치킨 vs 피자	돼지 vs 소고기	무엇이든 물어보세요 3	무엇이든 물어보세요 4	오늘 하루 기분은 어땠나요?	오늘 하루 감사한 점은 무엇인가요?
6	라면 vs 스파게티	여름 vs 겨울	무엇이든 물어보세요 5	무엇이든 물어보세요 6	오늘 하루 속상했던 일은 무엇인가요?	오늘 하루 누구와 무엇을 하고 놀았나요?

5-8 진실을 찾아라

세 가지 이야기 중 진실인 이야기 하나를 찾는 놀이

1. 순서를 정합니다.

2. '오늘 내가 본 것', '오늘 내가 생각한 것', '해보고 싶은 것'처럼 세 가지 주제
   를 정합니다.

3. 첫 번째 사람부터 각 주제에 맞게 진실 또는 거짓인 내용을 말하면 다른
   사람들은 무엇이 진실인지 알아맞힙니다.

4. 이런 식으로 한 번씩 돌아가면서 하고 싶은 만큼 해봅니다.

tip 하나: 주제는 취미, 신체적 특징, 경험 등 원하는 주제를 정해보세요.

tip 둘: 거짓인 이야기는 진실이 무엇인지 알아보세요.

떠오르는 대로 말하기

뽑은 제시어와 관련해 보거나 듣거나 직접 경험한 이야기를
떠오르는 대로 말하는 놀이

준비물: 제시어

1. 각자 제시어 5개씩 적도록 합니다.

2. 제시어는 추억, 수술, 여행, 학교, 친구, 가족, 라면, 선물, 행복 등 감정, 사람, 공간, 음식 등 자유롭고 다양하게 쓸 수 있습니다.

3. 쪽지를 접어서 가운데 모읍니다.

4. 한 사람씩 쪽지를 뽑아 제시어를 확인합니다.

5. 제시어와 관련해 자신이 보거나 듣거나 경험하거나 알고 있는 이야기를 들려줍니다.

6. 번갈아가며 해봅니다.

tip 하나: 떠오르는 대로 말해보세요.

tip 둘: 쪽지 이야기를 다 나눌 때까지 할지, 시간을 정하고 해볼지 방법을 정해보세요.

같은 놀이 다르게

1. 한 사람이 쪽지를 뽑으면 제시어와 관련해 다른 사람이 물어보고 질문에 대답하는 방식으로 할 수도 있습니다.

5-10 어떤 것을 더 좋아할까?

짝이 둘 중 어느 것을 더 좋아하는지 알아맞히는 놀이

준비물: 쪽지와 펜

1. 순서와 주제를 정합니다.

2. 주제를 음식으로 정했으면 한 사람은 두 가지 음식을 말하고 다른 사람은 자기가 무엇을 더 좋아하는지 알아맞힙니다.

3. 이런 식으로 역할을 바꿔서 해봅니다.

tip 하나: 여러 사람이 함께할 수 있어요.

tip 둘: 음식, 라면, 책, 인물, 친구 등 주제를 바꿔서 여러 번 해보세요.

같은 놀이 다르게

1. 가로, 세로 3×5으로 된 표를 만들어서 가장 왼쪽의 각 열에 다섯 개의 주제를 하나씩 적습니다.

2. 주제별로 각 열의 빈 칸에 한 칸에는 진짜 좋아하는 것, 다른 한 칸에는 덜 좋아하거나 싫어하는 것을 임의로 적습니다.

3. 다 기록한 뒤에 서로 한 영역씩 짝이 무엇을 더 좋아하는지 알아맞힙니다.

4. 알아맞히면서 자연스럽게 이야기를 나눠봅니다.

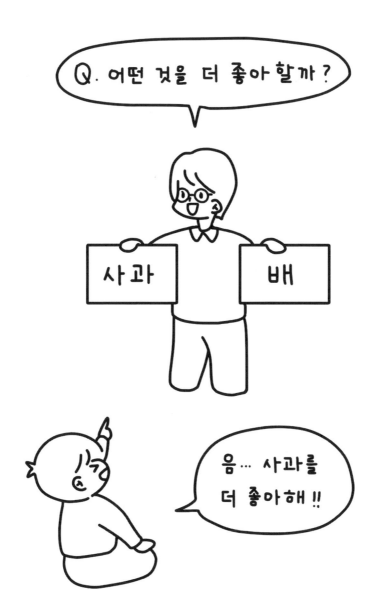

인물 OX 퀴즈

주인공에 관한 퀴즈를 내서 알아맞히는 놀이

1. 주인공을 정합니다.

2. 주인공은 자신에 관해 O, X로 대답할 수 있는 문제를 냅니다.

3. 다른 사람은 O 또는 X로 정답을 맞힙니다.

4. 역할을 바꿔서 해봅니다.

tip 하나: 문제지처럼 적어서 문제를 낼 수도 있어요.

tip 둘: 주제를 구체적으로 정해서 해보세요.

같은 놀이 다르게

1. OX 퀴즈는 사람들에게 사랑받는 놀이입니다. 시사 상식, 책의 내용 등 다양한 OX 퀴즈를 찾거나 만들어서 즐겨볼 수 있습니다.

가지치기 일기

제시한 단어로 오늘 하루를 돌아보면서
가지치기하듯 쓰고 대화 나누는 일기

준비물: 일기장 또는 스케치북, 사인펜

1. 그림처럼 종이 중앙에 제시어를 정하여 적습니다.

2. 예컨대 "들었다"를 제시어로 하면 가지를 그려서 무엇을 들었는지 자유롭게 생각나는 대로 적도록 합니다.

3. 적은 내용을 바탕으로 대화를 나눕니다.

4. 같은 방식으로 제시어를 추가시켜서 해봅니다.

tip 하나: 들었다, 보았다, 했다, 먹었다, 배웠다, 놀았다 등 다양한 단어로 해보세요.

tip 둘: 글씨뿐 아니라 그림으로도 표현해보세요.

tip 셋: 서로 재밌고 다양한 질문을 던져서 가지치기를 풍성하게 만들고 이야기를 나눠보세요.

tip 넷: 꼭 일기가 아니어도 되지요.

같은 놀이 다르게

1. "들었다"를 시작으로 "듣고 싶다"와 같이 사고를 확장하는 미래형 제시어를 추가하여 질문해볼 수도 있어요.

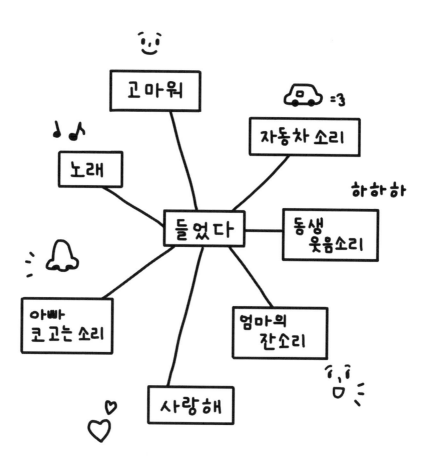

5-13 세 줄 대화 일기

3가지 질문으로 하루를 돌아보며 대화를 나누는 놀이

1. 순서를 정합니다.

2. 한 사람씩 "오늘 속상하거나 화났던 일은?", "오늘 감사했던 일은?", "내일 할 일은?" 이 3가지 질문에 대답합니다.

3. 마지막 사람까지 해봅니다.

tip 하나: 다른 사람이 이야기할 때 귀 기울여 들어줍니다.

tip 둘: 직접 질문을 만들어서 할 수도 있어요.

이야기 하나. 놀이로 쓰는 대화 일기

1
어느 날 오후, 하늘이 너무 아름다워서
"하늘 보러 나가자" 하고 두 아들과 밖에 나갔어요.

자연만 한 놀이터가 없음을 새삼 깨달아요.
질리지도 않는 놀이,
그것은 창조주의 작품인 자연과의 만남이에요.

2
저녁에 아들이 하자는 놀이도 하고
잠들기 전에도 놀았어요. 잠들기 전, 아주 간단한 놀이를 했어요.
일명 '어느 손가락이게?'

"어느 손가락인지 알아맞혀봅시다.
딩동댕동 뭐일까나. 숭그리당당 숭당당~"

별거 없는데도 깔깔깔, 까르르까르르,
알아맞히는 즐거움보다
오가는 소통과 교감의 과정에서 오는 즐거움이 커요.

3
질문으로 일기를 썼어요.
"오늘 하루를 점수로 매긴다면?"

질문만 주고 스스로 써보도록 했어요.
일부러 몇 점 만점인지 그런 기준 따위는 주지 않았죠.

요한이가 내게 점수를 매길 수 없다며
999999…라고 썼어요. 덧붙이기를
'점수를 매긴다면 내 손가락이 고장 날 것이다'래요.

이유가 단순했어요.
'가족과 있어 행복했기 때문에.'

아들의 한 줄 일기가 울림과 위로를 줘요.
코로나 시기, 보통의 일상을 잃어버린 시기가
우리에게 무엇이 소중한지 알려준 것들.
그중 하나, '가족'
아들을 통해서도 보여줘요.

4
요엘이가 형이 쓰는 걸 보고 따라 해요.
자기도 오늘 하루에 높은 점수를 주고 싶은 건
마찬가지였어요. 만족스러운 하루였던 거예요.

그런데 그 이유가 좀 달랐어요. 딱 두 글자였어요.
'아빠'

아들이 오늘 하루 높은 점수를 줄 만큼 만족스러운
이유가 아빠였어요.

엉뚱하고 재밌었던 건
99999라고 점수를 쓰고는 '한요한 애기 손'이라고
썼어요. 형 손이 아기 손처럼 부드럽대요.
엉뚱한 삼천포 유머예요. 하하하.

5
요엘이가 며칠 전에 엄마랑 했던
(아빠가 해보라고 준)
그림 그리고 알아맞히기 놀이를 또 하자고 했어요.

더 놀고 싶은 것이죠.
요한이, 요엘이, 아빠 순으로 그림을 그리고 맞혔어요.

열쇠 삼촌은 네모만 그리고 물었어요.
"이게 뭐게?"

처음엔 일차원적으로 '네모'라고 답했다가
"또~"라고 물으니 술술 쏟아냈어요.
말하면서도 킥킥대요.
말하는 대로 받아 적고 묻기만 했어요.

6
이불, 책, 국어사전 등등 요것 저것 나왔어요.
이 중에서 나는 책을 골라서 물었어요.
"어떤 책일까?"

요엘이가 먼저 대답했어요.
"마법을 부리는 책"(마법을 좋아할 나이잖아요)
"코로나 바이러스를 없애는 책"(정말 그랬으면 좋겠어요)

7
요한이는 가족과 재밌게 지내는 사전이래요.
갑자기 번쩍 떠올랐나 봐요.
가족과 재밌게 보내는 책은 바로 아빠 책이래요.

"아빠 책 이름이 뭐게?" 물었더니 곧바로
"슬기로운 집콕놀이 101!"

남들 앞이면 쑥스러웠을 텐데 아들이 말해주니
어깨가 으쓱해져요. 고마워요.

8
촛불 모임으로
오늘 하루 이야기를 나누고 기도한 뒤에
잠자리에 들었어요.

두 아들과 오늘 하루 거창한 걸 하지 않았어요.
나도 두 아들 덕분에 행복의 열쇠를 다시 깨닫고
이날 밤도 파란 나라를 누렸어요.

이야기 둘. 최고의 선물

1

두 아들이 어렸을 때부터 해왔던 것 중 하나가 '밤마다 찾아오는 이야기꾼'이에요. 그 방법과 형태는 조금씩 달라요. 보통 잠자기 전, 두 아들을 "아빠 이야기 들을 사람~" 하고 불러요. 그럼 두 아들은 "저요!" 하고 모이죠. 보통 이야기 자판기 활동을 하고, 이어서 질문을 던지고 함께 대화를 나누는 것으로 잠자리 대화를 가져요. 마음과 달리 매일 하는 건 아니에요.

2

하루는 이야기를 마치고 자려고 하는데 요한이가 속이 울렁거리고 머리도 약간 아픈 것 같다며 불편을 호소했어요. 배를 문질러 달라기에 마사지를 해주었죠. 불을 끄고 잠을 재우려는데 누워 있기 힘들다고 일어섰어요.

몸과 목소리에 힘을 다 빼고는 내 어깨에 기대어 누웠어요. 편안했는지 한마디 해요. "기댈 곳이 있다는 건 참 좋은 거 같아." 또 다른 대화가 시작됐어요. "요한아, 요한이에겐 누가 기댈 만한 존재야?" "가족이랑 친구, 날 사랑하는 사람들이지."

3

'날 사랑하는 사람들'이란 말 앞에서 내 마음과 생각이 머물렀어요. 날 사랑하는 사람들이라는 것을 마음을 기대는 것을 통해 알 수 있어요. 기댈 어깨가 되어주는 것이 곧 사랑한다는 뜻임을 새삼 깨닫게 돼요.

시어도어 젤딘이라는 사상가는 저서 《대화에 대하여》에서 대화는 마음을 읽는 수수께끼이자 놀이라고 했어요. 대화는 마음과 마음을 잇는 놀이기도 하지요. 대화의 핵심은 듣는 거예요. 진정한 대화의 듣기는 이해하는 듣기예요. 칼 로저스라는 학자는 대화의 가장 중요한 요소 중 하나가 공감적 이해이며, 한 사람에 대한 깊은 이해는 인간이 줄 수 있는 최고의 선물이라 말하기도 했어요.

4

스스로 물어봅니다. '나는 두 아들과 만나는 친구들에게 최고의 선물이 되는 대화를 나누고 있을까?', '나는 진짜 대화하고 있을까?', '나는 무엇을 위해 듣고 있을까?', '나는 들려주려는 것을 제대로 듣고 있을까?'

아빠가 이런 고민과 성찰을 하고 있으면 아들은 이따금 위로와 힘을 주곤 해요. 우연히 아들이 학교에서 과제로 한 활동지를 보았어요. 아빠를 소개하는 칸에 '아빠는 다른 사람을 소중히 여깁니다'라고 적어놨어요. 아들은 늘 아빠를 아빠보다 좋은 아빠로 바라봐줘요.

내 존재의 모든 것으로 온몸과 마음으로 놀이하는 그 과정이 곧 아이들에게 깊은 이해의 듣기가 되길, 마음을 기댈 수 있는 동무가 되길, 무엇보다 네가 얼마나 소중한 사람인지 느끼고 깨닫게 하는 대화와 사귐이 되길 소망하게 돼요.

이야기 셋. 대신 채워줄 수 없는 존재

1

어느 날 아내가 학교로 아들을 데리러 갔다가 물었어요. "요엘아, 오늘 하루 잘 보냈어?" 그러자 "엄마, 나 최고의 하루를 보냈어!"라고 했대요. 무엇이 최고의 하루라고 느끼게 해주었을까요. 아내에게 물으니 답을 해주었어요.

"오늘 친구랑 엄지 놀이랑 가위바위보 놀이했어. 내가 친구를 사귀었지!" 요엘이에게는 친구를 사귄 날이 최고의 하루가 된 거예요. 아이나 어른이나 친구는 나와 내 일상을 참 소중하고 특별하게 만들어주는 존재임을 새삼 깨달았지요.

이즈음 요엘이는 학교 가기 전날이면 딱지를 챙겨가기 위해 책가방 위에 올려두고 잠자리에 들어요. 친구랑 함께 놀기로 했다면서 여행 가방을 싸듯이 책가방을 싸는 요엘이를 보면서 아이들이 다시 마음 놓고 학교 가서 친구랑 즐거운 만남과 사귐을 가질 수 있는 날이 빨리 오길 더욱 바라게 됩니다.

2

늦은 저녁, 요요 형제는 네트 없이 1권에 있는 [3-17] 풍선 배구를 시작했어요. 별거 아닌

데 형제끼리 재밌어서 난리가 났어요. 엄마는 시간이 늦었고 아래층에 소리 들리니 그만 하래요. 죽이 맞은 형제의 안달 난 놀고 싶은 마음. 아빠가 투입될 시점임을 직감하고 방으로 들어가자고 했어요. 엄마 쪽과 아들 쪽 양 진영을 위해 아빠가 할 일이 보인 거예요.

풍선 배구 대신 [3-23] 풍선 피하기를 했어요. 아빠가 풍선을 쳐서 맞추려고 하면 요리조리 피하면 돼요. 열 번 중에 과연, 몇 번을 피하는지 알아보는 방식으로 했어요. 아빠는 가만 앉아서 두 아들의 노는 모습과 까르르 웃는 소리가 그렇게 좋을 수가 없어요.

풍선 피하기 놀이가 끝나자마자 샤가이를 하자고 해요. 국제개발협력 전문인 단원으로 1년 정도 몽골에서 살 때 두 아들과 종종 하던 몽골 전통놀이예요. 한국에 올 때 사왔는데 가끔 하곤 해요. 두 아들과 놀면서 감사하고 유익한 것 중 하나는 오가는 대화예요.

3
놀다 보면 자연스럽게 자기 모습이 나오고 이야기를 나누잖아요? 놀이만 한 대화가 없고, 대화만 한 놀이가 없어요. 요한이가 갑자기 아빠를 보고는 "아빠는 샤가이의 고수였어!"라고 치켜세워주었어요. 절대 쉽게 봐주지 않는 아빠. 일부러 져주면 오히려 재미없는 법이죠. 이제 지는 법도 제법 받아들일 줄 알고, 인정하고 축하해주기도 해요. 놀이 안에서 두 아들은 무엇인가 잘 안 될 때 자기감정을 받아들이고 표현하는 법 역시 훈련해가요.

아들의 말에 즉석에서 질문을 던졌어요. "만약 고수가 된다면 어떤 고수가 되고 싶어?" 예시를 주었는데 요 형제 둘 다 딱히 없대요. 뭐, 그럴 수도 있지요. 고수와 좀 달리 어릴 적 생각해보면 어릴 때 누군가 내게 '뭐가 되고 싶니?', '꿈이 뭐니?'라고 물어봐준 기억이 거의 없어요. 동시에 내가 되고 싶은 게 무엇이었는지 떠오르는 것도 없어요. 그 흔한 소방관, 경찰관, 선생님, 의사, 그런 기억이 없어요.

두 아들의 대답을 들으면서 부모로서 자녀를 앞서지 않고, 두 아들이 자기답게 커가고 자기다운 길을 찾아 성장해갈 수 있도록 어떻게 함께할지 지혜를 구하게 됩니다. 그리곤 꿈을 가져야 한다고 강요하지 말아야지, 괜찮다, 지금 당장 꿈이 없어도, 되고 싶은 게 없어도 아무렇지 않다고 스스로 새기곤 합니다. 무엇보다 오늘이라는 일상을 소중하고 행복하게 누리고 살아갈 아이들이었으면 하는 바람입니다.

4

수감자 자녀로, 동아리 활동으로 만나고 있는 친구들과 한 해를 마무리할 즈음이었어요. 저녁에 지인(가명)이로부터 연락이 왔어요. 재작년에 이어 작년에도 동아리 활동으로 만나고 있는 사춘기 중학생 친구예요. 한번 전화하면 이런저런 수다를 꽤 오랫동안 떨곤 해요. 심심할 때나 우울할 때나 기쁠 때나 나는 말동무예요.

그날은 자기 생일이라고 전화가 왔어요. 전화를 끊기 직전에 내게 부탁해요. 평소와 달리 진지하게 생일 축하 노래를 불러달라고요. 마음을 담아 축하 노래를 불러주었어요. '사랑하는 지인이 생일을~' 하는데 갑자기 "공주님이라고 해주셔야죠~"라며 다시 불러달래요. 15살 사춘기 소녀, 그 친구는 수감된 엄마, 아빠에게 듣고 싶은 축하를 듣기 어려워요. 열쇠 삼촌은 다시 한 번 진심으로 축하 노래를 불러주었어요. 눈물이 나는 걸 꾹 참았어요. 다 커도 우리 아이들은 부모에게 왕자님, 공주님이 되고 싶은 건지 몰라요. 한구석 빈 그 마음이 조금이나마 채워지길 바라며 불러주었어요.

자녀들과 함께 시간을 보내고 함께 놀면서 부모는 부모 외에는 채울 수 없는 그 마음을 채워주는 것인지도 몰라요. 너는 정말 사랑스럽고 소중하고 특별한 존재라고 들려주고 있는지도 몰라요. 자녀들과 더욱 즐겁고 친밀한 시간을 보내야겠어요. 그날, 그날이 최고의 하루가 될 수 있기를, 지금-여기 나와 너 사이가 곧 파란 나라가 될 수 있도록요.

6장
옛날전통놀이

골목민속놀이와 전래놀이 중에
실내에서 즐기는 놀이를 담았습니다.
야외에서 즐기던 놀이를 실내에서 할 수 있도록
기존의 놀이 규칙과 방법을 조금씩 변형한
놀이도 담았습니다.

딱지 뒤집기

상대의 딱지를 날려서 뒤집어 승부를 가리는 놀이

준비물: 딱지

1. 가위바위보를 해서 이긴 사람이 상대 딱지를 넘깁니다.

2. 이긴 사람은 진 사람의 딱지를 자기 딱지에 올려두고 위로 날려서 뒤집도록 합니다.

3. 만약 이긴 사람이 딱지를 뒤집지 못하면 진 사람에게 넘기는 기회가 주어집니다. 이긴 사람이 딱지를 넘기면 다시 가위바위보를 해서 누가 딱지를 넘길지 정합니다.

4. 딱지를 한 번 넘기면 1점을 얻는 식으로 누가 먼저 5점을 얻는지 겨루어 봅니다.

tip 하나: 이렇게 하면 실내에서도 시끄럽지 않게 얼마든지 딱지치기를 할 수 있어요.

tip 둘: 종이 딱지, 고무 딱지, 둘 다 할 수 있어요.

tip 셋: 규칙을 스스로 만들어서 즐겨보세요.

같은 놀이 다르게

1. 딱지를 여러 개 접어서 이기면 가져가는 방식으로 한 사람의 딱지가 다 사라질 때까지 할 수도 있습니다. 끝나면 다시 돌려주고 또 해봅니다.

6-2 병뚜껑 알까기

상대 병뚜껑을 먼저 밖으로 다 내보내면 이기는 놀이

준비물: 병뚜껑 10개

1. 책상 위에 각각 색이 다른 병뚜껑을 5개씩 놓습니다.

2. 순서를 정합니다.

3. 1번씩 교대로 자기 병뚜껑을 손가락으로 튕겨서 상대 병뚜껑을 맞춰 밖으로 내보냅니다.

4. 이렇게 하여 상대의 병뚜껑을 다 없애면 이깁니다.

5. 하고 싶은 만큼 즐겨봅니다.

tip 하나: 바둑판이나 바닥에서도 할 수 있어요.

tip 둘: 세부 규칙은 서로 의논하여 정해보세요.

tip 셋: 병뚜껑 말고 바둑알이나 장기알로도 할 수 있겠지요.

tip 넷: 전략을 짜서 병뚜껑 배치를 자유롭게 해보세요.

같은 놀이 다르게

1. 팀을 나눠서 할 수도 있습니다.
2. 여러 사람이 할 경우, 토너먼트 방식으로 알까기 왕중왕전을 열어볼 수도 있습니다.

6-3 제기차기

양말이나 종이컵을 발로 차서 최대한 여러 번 띄우는 놀이

준비물: 양말, 컵 등

1. 양말을 약간 납작한 공처럼 만듭니다.

2. 그림처럼 한 사람씩 양말 제기를 발로 차서 위로 띄웁니다.

3. 땅바닥에 떨어지기 전에 양말 제기를 최대한 몇 번까지 차는지 도전합니다.

tip: 양말 대신 종이컵으로 해도 재밌어요.

같은 놀이 다르게

1. 양말/종이컵을 발등에 올리고 위로 띄워서 잡는 방식으로 할 수 있습니다.
2. 양말/종이컵을 1번 쳐서 잡기, 2번 쳐서 잡기, 1번 치고 박수 1번 친 뒤에 잡기 형식으로 할 수 있습니다.
3. 양말 제기차기를 하다가 쳐서 통에 넣는 놀이를 할 수도 있습니다.
4. 직접 놀이 방법과 규칙을 만들어서 즐겨봅니다.

산가지 떼어내기

다른 나무젓가락을 건드리지 않고 떼어내 가져오는 놀이

준비물: 나무젓가락

1. 가위바위보를 합니다.

2. 이긴 사람은 그림처럼 산가지를 한 손으로 잡고 위에서 놓는 식으로 흐트러뜨립니다.

3. 이긴 사람부터 다른 산가지를 건드리지 않고 산가지 하나를 자기 앞으로 가져옵니다.

4. 산가지를 건드리지 않으면 계속 가져올 수 있고, 건드리게 되면 다시 제자리에 두고 다음 사람에게 순서가 넘어갑니다.

5. 마지막 산가지가 사라질 때까지 해봅니다.

6. 누가 가장 많은 산가지를 가져갔는지 알아봅니다.

tip 하나: 나무젓가락을 5가지 정도로 색깔을 나누어 칠해서 산가지를 만들 수 있어요.

tip 둘: 연필이나 색연필 등으로 해볼 수도 있지요.

tip 셋: 이미 가져간 산가지를 이용하여 새로운 산가지를 가져올 수 있어요.

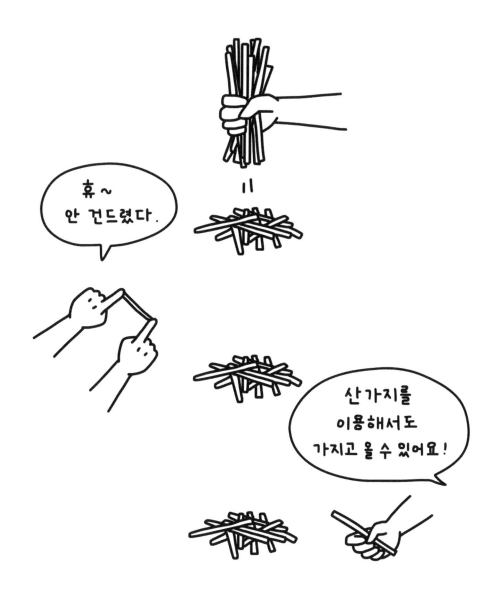

같은 놀이 다르게

1. 색깔별로 점수를 달리하여 최종 점수를 합산해 누가 더 많은 점수를 얻었는지 겨루는 방식으로 할 수도 있습니다.

산가지 빼기

산가지를 더 많이 빼는 사람이 이기는 놀이

준비물: 나무젓가락, 주사위

1. 그림처럼 산가지를 1, 2, 3, 4, 5, 6개씩 모은 산가지 더미를 2개씩 준비해 서로 구분해 놓습니다.

2. 순서를 정해 첫 번째 사람부터 주사위를 던집니다.

3. 주사위를 던져서 나온 숫자에 맞는 산가지 더미를 가져옵니다.

4. 같은 방식으로 한 번씩 돌아가면서 합니다.

5. 숫자에 맞는 산가지 더미가 없으면 그대로 다음 사람에게 순서가 넘어갑니다.

6. 이런 식으로 마지막 산가지 더미가 사라질 때까지 해서 누가 가장 많이 가져왔는지 알아봅니다.

같은 놀이 다르게

1. 두 팀으로 나누어서 먼저 자기 팀의 산가지 더미를 다 가져온 팀이 이기는 방식으로 할 수도 있습니다.

비석치기

일정한 거리에서 단계별로 다른 방법으로 비석을 쓰러뜨리는 놀이

준비물: 양말

1. 양말을 말아서 납작한 돌처럼 비석을 만듭니다.

2. 순서를 정해서 이긴 사람은 공격하고 진 사람은 비석을 세워둡니다.

3. 이긴 사람은 1단계부터 도전합니다.

4. 1단계에 성공하면 이어서 다음 단계에 도전합니다. 실패하면 다음 사람에게 순서가 넘어갑니다.

5. 이런 식으로 총 10단계를 먼저 성공한 사람이 이깁니다.

tip 하나: 양말로 비석을 만들면 소리가 안 나서 층간 소음 걱정이 없어요.

tip 둘: 어떤 단계는 생략하거나 새로운 단계를 추가하는 방식으로 직접 만들어서 할 수 있어요.

비석치기 단계별 방법

1. 제자리 던지기: 출발점에서 비석(양말)을 던져서 맞힙니다.
2. 한 발 뛰기: 한 발 거리에 비석을 던져서 뛰는 대신 발을 뻗어서 비석을 밟고 그 자리에서 한 발로 서서 비석을 던져서 맞힙니다.
3. 발로 차기: 두 발 거리에 비석을 던져서 한 발씩 두 번 뻗어 비석을 밟고 한 발로 서서 발끝으로 비석을 쳐서 맞힙니다.
4. 발등 던지기: 발등에 비석을 올려놓고 비석 가까이 걸어가 발등에 있는 비석을 날려서 맞힙니다.
5. 오줌싸개: 무릎 사이에 비석을 끼워서 걸어가 다리를 벌려서 비석을 맞힙니다.
6. 배사장: 배 위에 비석을 올려놓고 걸어가 적절한 지점에 서서 떨어뜨려 비석을 맞힙니다.
7. 신문팔이: 겨드랑이에 비석을 끼우고 걸어가 적절한 지점에 서서 비석을 떨어뜨려 맞힙니다.
8. 훈장: 어깨에 비석을 올려놓고 걸어가 적절한 지점에 서서 비석을 떨어뜨려 맞힙니다.
9. 떡장수: 머리 위에 비석을 올려놓고 걸어가 적절한 지점에 서서 비석을 떨어뜨려 맞힙니다.
10. 심봉사: 출발점에서 비석을 던져두고 눈을 감고 걸어가 비석을 잡은 뒤에 던져서 맞힙니다.

보물 숨기기

뒤집어놓은 컵에 탁구공을 하나씩 숨기는 방식으로
먼저 탁구공을 다 숨기는 놀이

준비물: 종이컵, 종이공

1. 그림처럼 종이컵 30개를 바둑판처럼 뒤집어놓고 각자 종이공 15개씩 갖습니다.

2. 서로 반대편에 마주보고 앉고 순서를 정하여 한 사람씩 번갈아가며 종이컵 안에 종이공을 하나씩 숨깁니다.

3. 종이공을 숨기려 종이컵을 들었는데 다른 종이공이 있으면 숨길 수 없을 뿐 아니라 컵 안에 있는 종이공까지 가져와야 합니다.

4. 이런 식으로 먼저 종이공이 다 사라지는 사람이 나오면 끝이 납니다.

tip 하나: 바둑알로 하거나 종이공을 적절한 크기로 만들어서 해보세요.

tip 둘: 종이컵 개수와 종이공 개수를 조절할 수 있어요.

tip 셋: 처음이나 중간에 한 번씩 상대가 보지 않게 하고 종이공 하나를 다른 종이컵으로 옮겨서 숨기는 방식으로 하면 더 재밌어요.

같은 놀이 다르게

1. 종이컵 30개를 뒤집어놓고, 각자 종이공을 10개씩 갖습니다.
2. 번갈아가며 한 사람당 종이공 하나씩을 종이컵 안에 숨깁니다. 상대가 숨길 때 눈을 감고 있도록 합니다.
3. 종이컵에 상대의 종이공이 있으면 숨길 수 없으며 컵 안에 있는 상대의 종이공까지 가져오고 상대에게 순서가 넘어갑니다.
4. 이런 식으로 먼저 종이공이 다 사라진 사람이 이깁니다.

6-8 스무고개

질문을 통해 단서를 찾아 물건의 이름을 알아맞히는 놀이

1. 술래는 집 안에 있는 물건을 하나 떠올립니다.

2. 다른 사람은 탐정이 되어 술래에게 한 번에 하나씩 질문을 합니다.

3. 질문을 통해 얻은 단서를 바탕으로 정답을 알아맞힙니다.

4. 총 20번 안에 정답을 맞혀야 하며, 틀릴 때마다 질문 기회가 한 번 사라집니다.

5. 맞히면 역할을 바꿔서 해봅니다.

tip 하나: 집 안에 있는 물건 대신 동물, 음식 등 주제를 달리해서 할 수도 있어요.

tip 둘: "예", "아니오"로만 대답할 수 있는 질문만 하는 방식으로, 좀 더 도전을 높여서 즐길 수 있어요.

끝말잇기

낱말의 마지막 글자로 시작하는 단어를 말하며 이어가는 말 잇기 놀이

1. 첫 번째 사람이 먼저 낱말을 말합니다.

2. 다음 사람은 그 단어의 마지막 글자로 시작하는 새로운 단어를 말합니다.

3. 이런 식으로 주고받다가 한 사람이 대답하지 못하면 끝이 납니다.

4. 하고 싶은 만큼 해봅니다.

tip 하나: 짬짬이 틈을 내어 할 수 있는 간단하고도 재밌는 놀이예요.

tip 둘: 하다 보면 엉뚱하게 없는 새말을 짓기도 하고, 규칙과 다르게 말하기도 하면서 놀이가 산으로 가서 더 재밌는 상황이 벌어지기도 해요.

tip 셋: 끝말잇기를 종이에 써가면서 해도 색다른 즐거움과 유익함이 있어요.

같은 놀이 다르게

1. 특정 글자로 시작하는 단어 말하기나 특정 글자로 끝나는 단어 말하기 방식으로 즐길 수도 있습니다.

2. 예컨대 '시옷'으로 시작하는 단어, '해'로 끝나는 단어로 한번 해봅니다.

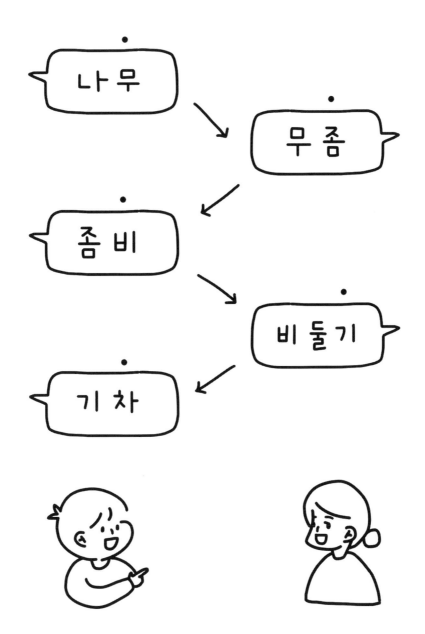

사냥꾼, 노파, 호랑이

각각에 해당하는 동작을 취하여 즐기는 가위바위보 놀이

1. 두 사람이 마주하여 섭니다.

2. "하나, 둘, 셋!"을 외치고 동시에 사냥꾼, 노파, 호랑이 중 하나를 선택해 거기에 해당하는 동작을 취합니다.

3. 사냥꾼은 가위, 노파는 바위, 호랑이는 보에 해당합니다.

4. 사냥꾼은 활을 쏘는 동작, 노파는 지팡이를 짚는 동작, 호랑이는 두 손으로 앞발을 드는 동작을 취합니다.

5. 여러 번 해봅니다.

tip: 동작을 알아볼 수 있게 크고 분명하게 취해주세요.

같은 놀이 다르게

1. 팀을 나누어서 할 수도 있습니다.
2. 팀 안에서 인원수대로 순서를 정합니다.
3. 각 팀의 1번부터 나와서 대결하는 식으로 마지막 번호까지 해봅니다.

6-11 오목

가로, 세로, 또는 대각선으로 5개의 돌을 한 줄로 먼저 만드는 놀이

준비물: 종이, 연필

1. 그림처럼 종이에 연필로 바둑판을 그립니다.

2. 흰색 바둑알, 검은색 바둑알을 할 사람을 정합니다.

3. 검은색 알을 가진 사람이 먼저 두고 번갈아가면서 한 번씩 둡니다.

4. 이런 식으로 두다가 한 사람이 먼저 바둑알 5개를 가로, 세로, 또는 대각선
   으로 나란히 연이어 놓으면 끝납니다.

tip 하나: 흰색은 동그라미로만 그리고, 검은색은 동그라미 안을 색칠해서 구분하면 돼요.

tip 둘: 한 번 바둑알을 두면 위치를 바꿀 수 없어요.

tip 셋: 누군가의 알이 양쪽에 막힘없이 3개가 되면 무조건 막아야 합니다. 이것을 잘 생
      각해서 바둑알을 놓아야 해요.

tip 넷: 바둑알 한 알을 놓았을 때, 그림처럼 쌍삼(3-3)이 되는 수는 둘 수 없어요.

tip 다섯: 바둑판이나 오목 노트가 있으면 편해요.

뱀 길 땅따먹기

병뚜껑을 손가락으로 튕겨서 구불구불한 길을 지나
먼저 목적지에 도착하는 놀이

준비물: 병뚜껑, 종이테이프

1. 그림처럼 뱀 길을 만들고, 뱀 길 중간중간에 작은 물건들을 놓아 장애물을
설치합니다.

2. 출발점에서 한 명에 한 번씩 순서대로 병뚜껑을 튕기는 방식으로 뱀 길을
돌아 먼저 목적지에 도달하도록 합니다.

3. 병뚜껑을 튕겨 길 밖으로 나가거나 장애물에 맞을 때, 다른 사람이 자신의
병뚜껑을 맞혀서 길 밖으로 나가면 그 사람은 처음부터 다시 시작합니다.

4. 누가 가장 먼저 목적지에 돌아오는지 알아봅니다.

tip 하나: 뱀 길은 종이테이프를 활용하여 만들 수 있어요. 종이테이프가 없다면 가는 줄
들을 활용하여 만들어보세요.

tip 둘: 각자 병뚜껑을 3개씩 갖고, 3개가 먼저 목적지에 돌아오도록 할 수도 있어요.

tip 셋: 중간중간 누구도 공격할 수 없는 안전지대를 만들 수도 있어요.

뱀 처럼
슉 슉

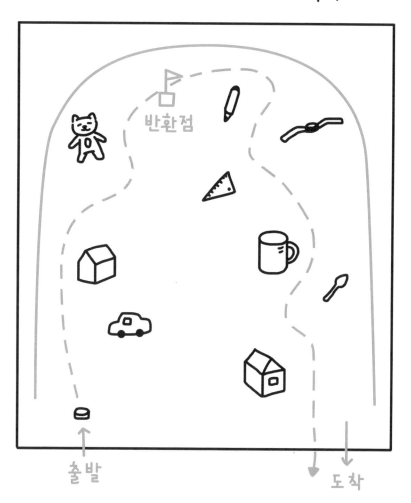

반환점

출발

도착

병뚜껑 땅따먹기

자기 땅을 넓혀가면서 동시에 상대의 땅을 빼앗아
상대보다 더 많은 땅을 차지하는 놀이

준비물: 연필, 동전 또는 병뚜껑, 전지

1. 그림처럼 네 모서리 중 한 곳을 선택하여 손으로 한 뼘을 재서 펜으로 자기 진영을 그립니다.

2. 순서를 정하고 첫 번째 사람부터 자기 진영 안쪽에서 병뚜껑을 손가락으로 3번 튕겨서 다시 자기 진영 안으로 돌아오도록 합니다.

3. 병뚜껑을 한 번씩 칠 때마다 병뚜껑이 멈춘 지점에 작은 점을 찍어둡니다.

4. 자기 진영으로 안전하게 돌아오면 병뚜껑이 지나온 길을 선으로 잇습니다. 반대로 돌아오지 못하면 지우개로 점을 지우고 다음 사람에게 기회가 넘어갑니다.

5. 이런 식으로 더 이상 차지할 땅이 없을 때까지 한 뒤에 누구의 땅이 더 넓은지 알아봅니다.

tip 하나: 전지가 없으면 A4 용지 이면지를 붙여서 땅을 만들 수도 있어요.

tip 둘: 자신이 지나온 길을 굵은 펜으로 표시하면 땅을 구분하기 쉬워요.

tip 셋: 병뚜껑 대신 동전이나 주사위로 할 수도 있어요.

6-14 십자 술래잡기

술래와 같은 가로, 세로줄에 있는 사람은 잡히는 방식의 술래잡기 놀이

준비물: 종이테이프 또는 퍼즐 매트

1. 그림처럼 종이테이프로 5×5 또는 N×N 사각형을 바닥에 만듭니다.

2. 술래(늑대) 한 사람을 포함하여 모든 사람은 사각형 한 곳을 선택하여 그 안에 들어가 섭니다.

3. 시작되면 늑대가 "하나, 둘, 셋"을 외친 뒤 임의로 다른 한 사각형에 들어가면 다른 사람도 자유롭게 한 곳을 정해 뜀뛰기로 들어가면 됩니다. 뛰는 척 이동하지 않고 제자리에 서 있을 수도 있습니다.

4. 이때 가로줄과 세로줄을 기준으로 술래와 같은 줄에 서 있는 사람은 잡힌 것입니다. 잡힌 사람은 잠시 밖에 나가 있습니다.

5. 이런 식으로 마지막 한 사람이 남을 때까지 해봅니다.

tip 하나: 퍼즐 매트 위에서 할 수 있어요.

tip 둘: 층간 소음에 유의해서 집에서는 뛰지 않고 이동하는 방식으로 해요.

tip 셋: 센터, 학교 같은 곳에서는 이것 하나만 설치해도 언제라도 즐겁게 할 수 있어요.

tip 넷: 열쇠 삼촌 유튜브 영상을 참고하세요.

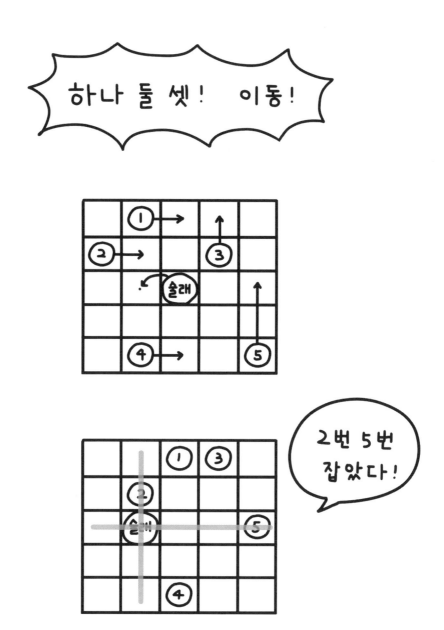

233

이야기 하나. 핸드폰을 이기는 놀이

1
공감놀이교실이라는 이름으로
지역아동센터 다섯 곳으로 집단 프로그램을 나간 적이 있어요.
센터별로 1시간 반씩 이틀을 나가는 일정이었지요.

OOO 센터를 가는 날이었어요. 일부러 20분 전에 센터에 도착해
발열 체크 및 손 소독을 마치고
아이들에게 다가가 자연스럽게 인사를 건넸어요.

아이들은 모두 고개를 숙인 채 핸드폰을 하고 있었고
열쇠 삼촌과 눈이 마주친 센터장님은 무슨 이유에서인지
"점심시간에만 핸드폰을 사용해요"라고 들려주셨어요.

가볍게 웃으면서 "아, 그렇군요"라고 짧게 대답했어요.
속상한 일이지만
이제는 아이들이 핸드폰에 빠져 시간을 보내는 일상은 흔한 풍경이에요.

2
공간을 둘러보면서 아이들에게 인사를 건네고 나서
거실 탁자 앞에 앉아 아이들을 불렀어요.

"주사위 놀이 할 사람은 여기 붙어라~"

갑자기 모르는 아저씨가 나타나서는 놀 사람 붙으라고 하니
신기했나 봐요. 먼저, 내 옆에 있는 아이들 한둘이 붙어서 무슨 놀인지도 모른 채
같이 놀겠대요. 그렇게 몇 명이 붙었어요.

열쇠 삼촌이 개발한 주사위 여행 놀이를 같이 즐겼어요.
핸드폰을 내려놓고 하나둘 몰려들었어요. 어떤 친구는 기웃거리며 구경도 했지요.
그렇게 우리는 각자 핸드폰을 하는 대신

한데 어울려 주사위 놀이를 했어요.

아이들과 기꺼이 놀 사람과 놀 거리만 있으면 돼요.
그거면 충분해요.
쉬는 시간에 달리 재밌는 걸 모르니 핸드폰을 하는 거예요.

3
우리는 첫째 날 특별한 놀이를 하지 않았어요.
일부러 가장 어린 동생도 할 수 있는 쉬운 놀이,
열쇠 삼촌이 없어도 할 수 있는 놀이를 하려고 했어요.
슬기로운 집콕놀이책에 있는 놀이 중에
열 개 정도를 뽑아가 아이들이 의논해서 하고 싶은 놀이를
함께 정해서 즐겼어요.

그중 하나가 열쇠 삼촌이 몽골에서 알아온
십자 술래잡기라는 놀이예요.
센터라는 좁은 공간에서 바닥에 종이테이프만 그려도 할 수 있는 재밌는 놀이지요.

4
두 번째 방문 때도 좀 일찍 센터에 갔는데 감격스러운 장면을 목격했어요.
분명 점심시간인데도 핸드폰을 하는 아이가 없었어요.
큰 아이 작은 아이 할 것 없이
같이 십자 술래잡기를 하고 있는 게 아니겠어요!

지역아동센터에서는 보통 큰 아이들은 큰 아이들끼리 어울리고,
작은 아이들은 작은 아이들끼리 어울리는 편인데 같이 어울리고 있었어요.
어느새 경계나 벽 없이 함께 놀고 있었어요.
센터 선생님들도 새로웠나 봐요.

아이들은 핸드폰이 아니라 실내에서 골목 놀이를 하고 있었어요.
십자 술래잡기가 핸드폰을 이겼어요.
활동 중간 쉬는 시간에도 십자 술래잡기를 하고,

활동이 끝난 뒤에도 아이들끼리 태풍의 눈이며, 십자 술래잡기를 했어요.

이제 십자 술래잡기는 아이들의 놀이가 되었어요.
아이들 스스로 다른 친구들과 더불어 즐길 수 있는 놀이가 되었어요.
언제라도 꺼낼 쓸 수 있는 놀이가 된 셈이죠.

5
우리 아이들에게 즐거운 만남과 사귐을 줄 수 있는
언제라도 꺼내 쓸 수 있는 놀이 주머니를 돌려주고 싶어요.

어린이 놀이문화 운동은 어린이들이 자유롭게 놀 수 있을 때,
어린이가 놀이의 주체가 될 때 가능해요.
우리 아이들이 건강하고 행복한 사람으로 성장하기를 바란다면
어린이들에게 놀이하는 일상을
어떻게 되돌려줄 수 있는지 그 지혜를 찾아 실천해야 한다고 믿어요.

중요한 건 이벤트가 되어서는 안 된다는 것이에요.
선물 주듯 가끔 놀려주는 식의 행사가 되어서는 안 돼요.
일상이 될 수 있어야 해요. 기억해야 해요.

이야기 둘. 그 어디서나 파란 나라 놀이터

1
지역아동센터들은 대다수가 공간이 협소한 경우가 많아요.
OOO 센터도 그랬어요.
좌식 탁자와 학교 책상들이 놓여 있었어요.

우리는 책상을 다 치웠어요.
사람이 많아 저학년 친구들만 그나마 넓은 공간에 모여서 놀고
몇 안 되는 큰 친구들은 옆 공간에 있어요.

큰 친구들은 따로 독 거미줄(1권, 6-8)을 설치해서
스스로 놀 수 있도록 해주었어요.

2
협소한 공간이지만 상관없어요.
공간에 적절한 놀이를 하면 그만이에요. 우리에게는 언제라도
꺼내 쓸 수 있는 놀이주머니가 있으니까요.

시작할 때부터 집단 밖에 있는 친구가 있었어요.
말을 걸어도 대답이 없었어요.
열쇠 삼촌은 반갑게 인사를 건네고 초대를 했어요.
언제든지 놀고 싶을 때 들어오라고,
함께 놀고 싶다고, 기다리겠다고 들려주었어요.

다른 친구들도 그 친구 곁에는 가지 않았죠.
그 친구 역시 다른 친구를 가까이하지 않았어요.

3
열쇠 삼촌은 놀이 중간중간 관심을 보이며
초대하고 기다렸어요.

짝을 이루지 못한 사람이 술래가 되는 놀이가 있었어요.
당연히 움직이지 않고, 참여하지 않는 OO가 술래가 되었죠.

OO가 놀이터를 떠나지 않고
그때까지 자리에 있었음에 감사했어요.
술래가 될 때 열쇠 삼촌은 OO를 주인공으로
초대했고, 지령을 말해보라고 했지요.
작은 목소리로 말하기에 친구들에게 대신 전달해주었어요.

4
OO는 두세 번 그렇게 술래가 되었고,

세 번째 술래가 되었을 때 열쇠 삼촌이 귀 기울여 들어보자는 말에
아이들은 다들 가까이 모여서 집중하고 경청하기 시작했어요.
따뜻한 주목이었어요.

이후에는 OO가 집단 안으로 돌아와
몸을 움직이며 참여했어요.
심지어 십자 술래잡기를 할 때는 그 누구보다 열심히 참여하며
마지막까지 살아남아 늑대가 되기도 했어요.
늑대는 고사해서 늑대를 하고 싶어 하는 친구에게 양보했지만요.

5
어느새 집단 안으로 들어와 열심히, 또 즐겁게 참여한 OO는
즐겁고 행복했다는 소감을 나누어주었어요.
누구 하나 소외 없이 다 같이 즐거운 놀이터가 되었어요.
파란 나라 놀이터였지요.

아이들의 노는 모습을 지켜보던 센터 선생님이 그래요.
"실내에서도 재밌게 놀 수 있네요."

맞아요. 어디서나 놀 수 있어요.
그리고 그 어디서나 파란 나라를 만들어갈 수 있어요.

이 책이 아이들이 있는 곳, 그 어디서나
파란 나라가 되도록 하는 데 쓰임 받을 수 있으면 좋겠어요.

사방치기

1
8살 요엘이가 한때
푹 빠진 놀이가 사방치기예요.

학교에서 친구와 재미를 붙여서 집에 와서도
아파트임에도 어떻게든 하고 싶어
방법을 강구하더니 자기만의 방식으로 만들어서 놀았어요.

2
최대한 발소리가 안 들리게 하려고
종이를 이어 붙여서 그 위에서 하는가 하면
매트 위에서 살금살금 뛰면서 즐기는 거예요.
혼자서도 잘 놀아요.

밤이고 아래층에 방해가 될 수 있어서
엄마가 그만하자고 하니 아쉬웠나 봐요.

사방치기 노래를 지어서
가져오더니 즉석에서
랩을 하며 노래를 부르는 게 아니겠어요!

3
형은 그 옆에서
자기 버전으로도 해보겠다고 부르고

아빠도 해보라고 해서
아빠는 동요 버전으로 불러보았어요.
아내는 그 옆에서 웃기만 해요.

노래 부르면서 서로 깔깔깔 웃어요.

재밌는 두 아들이에요.
요엘이의 놀이 열정에 예기치 못한 행복이 찾아왔어요.

4
가사가 참 마음에 와닿았어요.

'사방치기는 재밌어 / 그러면 나도 같이 놀자고 해 /
그러면 더 많이 와 / 그러면 더 재밌어 / 사방치기 요!
사방치기 와~ 끝!'

사방치기를 좋아하는 어린이
같이 놀자고 친구를 초대하는 어린이
더불어 노는 즐거움을 아는 어린이
가사에서 요엘이의 어린이 마음이 그대로 전해졌어요.

이 땅의 어린이들이 친구와 사이좋게 함께 놀면 좋겠어요.
함께 파란 나라를 만들어가면 좋겠어요.

7장
협동 놀이

서로 믿고 도우면서 함께 해결하는
비경쟁 협동 놀이가 담겨 있습니다.
성공만큼 한 몸이 되어
서로 격려하고 지지하면서 해결해가는
그 과정 역시 중요합니다.

7-1 풍선 바꿔서 받기

서로 재빨리 자리를 이동하여 짝이 띄운 풍선을 받는 놀이

준비물: 풍선(인원수만큼)

1. 짝과 일정 거리를 떨어져 섭니다.

2. 동시에 각자 자기 풍선은 머리 위로 띄운 뒤, 풍선이 바닥에 떨어지기 전에 재빨리 이동해 짝이 던진 풍선을 받습니다.

3. 두 사람 모두 짝이 띄운 풍선을 받으면 성공입니다.

4. 서로 협력해서 목표한 횟수만큼 성공해보세요.

tip 하나: 함께 목표 횟수를 정해보세요.

tip 둘: 혼자만 잘한다고 잘할 수 없어요. 성공하는 방법을 함께 찾아보세요.

같은 놀이 다르게

1. 거리를 조금씩 멀리하여 도전을 높여볼 수 있습니다.
2. 제자리에서 한 바퀴 돌기, 박수 한 번 치기 등 특정 동작을 한 뒤에 받는 식으로 할 수도 있습니다.

제자리가 어디지?

물건이 원래 있던 곳을 알아맞히는 놀이

준비물: 눈가리개, 작은 물건

1. 둘씩 짝을 이루어 한 사람은 안내자, 다른 한 사람은 탐험가가 됩니다.

2. 탐험가가 출발선에서 눈을 가리고 서 있고, 안내자는 반대편 한 곳에 보물을 두고 제자리로 돌아옵니다.

3. 시작되면 안내자는 탐험가 곁을 따라다니면서 탐험가가 보물을 찾아 출발선으로 돌아오도록 안전하고 친절하게 안내합니다.

4. 이때 안내자는 탐험가 스스로 찾아갈 수 있도록 손을 잡아주지 않은 채 조금 떨어져서 안내합니다.

5. 보물을 찾아 돌아오면 탐험가는 눈가리개를 벗고, 보물이 원래 있던 곳을 알아맞힙니다.

6. 서로 역할을 바꿔서도 해봅니다.

tip 하나: 보물은 함께 의논하여 정해봅니다.

tip 둘: 안내자는 짝이 나를 믿고 안전하게 보물을 찾도록 도울 방법을 찾아봅니다.

tip 셋: 거실에서 출발했다면 보물은 자녀 방에 숨기는 방식으로 공간을 넓게 쓰면 더욱 재밌어요.

7-3 눈 감고 미로 탈출

눈을 감고 짝의 안내에 따라 미로를 탈출하는 놀이

준비물: 종이, 사인펜, 안대

1. 그림처럼 원하는 대로 미로를 그립니다.

2. 순서를 정하여 한 사람은 안내자가 되고 다른 한 사람은 눈을 가립니다.

3. 눈을 가린 사람은 안내자의 설명에 따라 펜으로 길을 따라가는 방식으로 안전하게 미로를 빠져나가면 성공입니다.

4. 길을 가다가 미로의 울타리(선)를 벗어나거나 닿으면 처음부터 다시 시작 합니다.

5. 성공하면 역할을 바꿔서도 해봅니다.

tip: 미로 수준을 여러 단계로 만들어 도전해보세요.

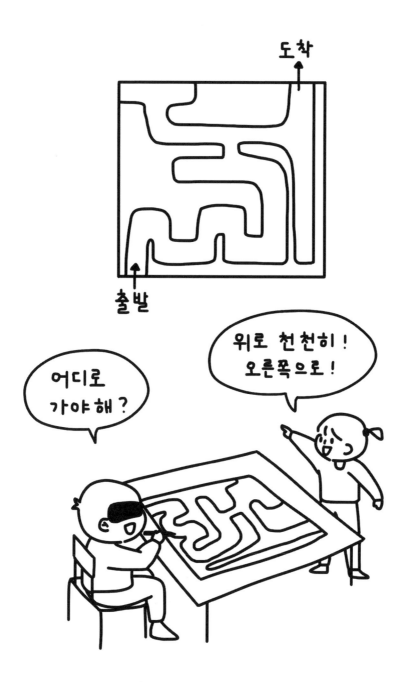

계란판 탁구공 주고받기

계란판 위의 탁구공을 던져서 서로 주고받는 놀이

준비물: 계란판 2개, 탁구공 1개

1. 짝과 적당하게 떨어져 마주하고 섭니다.

2. 계란판을 하나씩 들고 한 사람의 계란판 위에 탁구공 하나를 놓습니다.

3. 시작되면 계란판을 양손으로 잡고 계란판 위의 탁구공을 던져서 서로 주고받습니다.

tip 하나: 탁구공 대신 다른 작은 물건으로도 할 수 있어요.

tip 둘: 몇 번 주고받을지 함께 목표를 정해서 도전해보세요.

tip 셋: 쉬운 단계에서 시작해 도전 수준을 높여가며 즐겨봅니다.

같은 놀이 다르게

1. 각자 계란판 위에 탁구공을 하나씩 놓고 동시에 탁구공을 서로 주고받는 방식으로 할 수도 있습니다.

한 몸 풍선 살리기

두 사람이 손을 잡고 풍선을 살리는 놀이

준비물: 종이, 사인펜

1. 두 사람이 양손을 잡고 서요.

2. 시작되면 양팔로만 풍선을 머리 위로 띄워요.

3. 최대한 몇 번까지 띄우는지 도전해보세요.

tip 하나: 다칠 수 있으니 머리나 발로 풍선을 치지 않도록 해요.

tip 둘: 손을 떼거나, 풍선이 바닥에 닿거나, 양팔 이외의 다른 신체 부위로 띄우면 다시
도전해요.

같은 놀이 다르게

1. 풍선을 띄우고 옮겨서 목표한 통에 넣는 방식으로 할 수도 있습니다.

7-6 등 맞대고 공 주고받기

짝과 뒤돌아서서 상대에게 공을 던져주고
동시에 짝이 던져준 공을 받는 놀이

준비물: 공 2개, 종이 또는 양말

1. 짝과 뒤돌아서서 서로 등이 마주하도록 합니다.

2. "하나, 둘, 셋!"을 외치며 동시에 자신이 가지고 있는 공을 던져서 짝에게 넘겨줍니다.

3. 동시에 짝이 넘겨준 공을 받도록 합니다.

4. 목표 횟수를 정하여 도전해봅니다.

tip 하나: 풍선, 종이, 양말, 작은 인형 등 다양한 것들을 활용할 수 있어요.

tip 둘: 어떻게 하면 서로 잘 주고받을 수 있을지 의논해보세요.

tip 셋: 앉아서도 할 수 있어요.

7-7 무엇이든지 만들어요

종이 상자로 원하는 것을 만들어 즐기는 놀이

준비물: 종이 상자, 박스테이프, 가위

1. 종이상자로 무엇을 만들지 상상해요.

2. 서로 힘과 지혜를 모아 상상한 대로 만들어봐요.

3. 완성한 작품으로 하고 싶은 놀이를 해요.

tip 하나: 도구를 사용할 때 안전에 주의합니다.

tip 둘: 종이상자로 기차, 터널, 집 등 무엇이든지 만들 수 있어요. 자유롭게 상상하고 표현해보세요.

tip 셋: 놀이 안에서 우리는 무엇이든지 만들 수 있고, 무엇이든지 될 수 있어요.

7-8 동점 만들기

최종 점수가 상대와 동점이 될 때 함께 성공하는 놀이

준비물: 병뚜껑 또는 동전, 종이테이프

1. 그림처럼 바닥에 선을 표시하여 사다리식 과녁을 만듭니다.

2. 한 사람씩 병뚜껑을 손가락으로 튕겨서 과녁 안에 들어가면 해당 점수를 얻습니다.

3. 총 3라운드를 진행합니다.

4. 마지막 라운드까지 진행한 뒤에 각 라운드를 더한 총점이 서로 같아야 모두가 성공입니다.

5. 단, 과녁 최고 점수가 5점이라고 했을 때 개인 총점이 최소 10점 이상이 되어야 합니다.

6. 성공할 때까지 도전해봅니다.

tip 하나: 원하는 과녁 모양을 직접 만들어보고 점수나 라운드 횟수도 정해보세요.

tip 둘: 병뚜껑 대신 동전, 바둑알, 양말 공 등으로도 할 수 있어요.

tip 셋: 한 가지 목표를 위해 함께한 모두가 협동해서 승리의 기쁨을 누리는 놀이예요.

같은 놀이 다르게

1. 양말, 공, 볼링 등 다양한 종목도 이 같은 방식으로 해볼 수 있습니다.

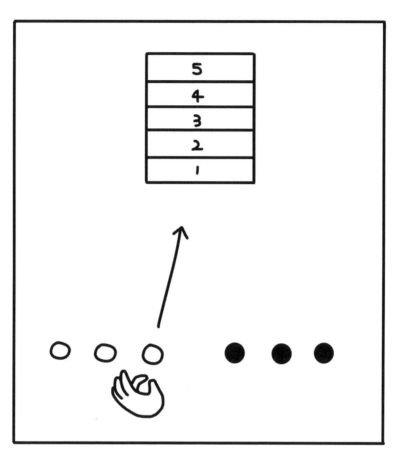

3 + 5 + 2 = 10   2 + 4 + 4 = 10

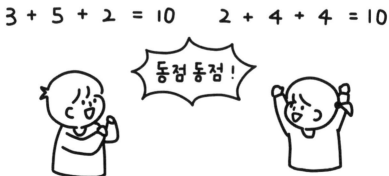

7-9 퐁퐁 탁구공 받기

탁구공을 탁자에 튕겨서 주면 짝이 컵으로 받는 놀이

준비물: 탁구공, 종이컵

1. 탁자를 중심으로 서로 반대편에 앉습니다.

2. 한 사람은 탁구공을 튕겨주고, 다른 한 사람은 종이컵으로 탁구공을 받습니다.

3. 탁구공은 탁자에 한 번 튕겨서 주어야 합니다.

4. 3분 동안 총 몇 개를 성공시키는지 도전해봅시다.

5. 역할을 바꿔서도 해봅니다.

tip 하나: 앉는 대신 서서 할 수 있어요.

tip 둘: 서로 어떻게 하면 잘 주고받을 수 있을지 지혜를 모아보세요.

7-10 99초 도전 릴레이

99초 안에 협력하여 모든 미션을 성공시키는 놀이

준비물: 종목에 필요한 물건들

1. 책에서 도전할 놀이 종목 3가지를 고르고 도전할 순서를 정합니다.

2. 종목별 미션을 구체적으로 정합니다. 예컨대 종이컵 세우기 1번, 등 맞대고 공 주고받기 1번, 풍선 바꿔서 받기 3번 식으로 할 수 있습니다.

3. 서로 협력하여 순서대로 종목별 미션을 해내는 방식으로 99초 안에 성공시킵니다.

4. 실패하면 성공할 때까지 처음부터 다시 도전합니다.

tip 하나: 원하는 종목으로 다양하게 즐겨보세요.

tip 둘: 도전의 수준과 방법은 직접 정하고 만들어보세요.

7-11 새알 옮기기 (1)

고무줄 고리에 컵을 끼운 다음,
컵 안에 탁구공을 넣어 반대편 빈 컵에 옮겨 담는 놀이

준비물: 고무줄 고리, 플라스틱 컵 2개, 탁구공

1. 그림처럼(1권 피라미드 탑 쌓기와 같은 방식) 고무줄 고리를 만듭니다.

2. 일정한 간격을 두고 플라스틱 컵 2개를 놓습니다.

3. 컵을 고리에 끼운 다음 각자 줄 끝을 1~2개씩 잡고 섭니다.

4. 컵 안에 탁구공을 넣고, 서로 협력해서 반대편에 있는 빈 컵에 탁구공을
   안전하게 옮겨 담습니다.

5. 중간에 탁구공이 컵 밖으로 떨어지거나, 빈 컵에 공을 넣지 못하면 처음부
   터 다시 도전합니다.

6. 목표 횟수 대신 목표 시간에 도전할 수도 있습니다.

같은 놀이 다르게

1. 탁구공을 옮기는 길 중간중간에 장애물을 설치해서 도전 수준을 높여보세요.

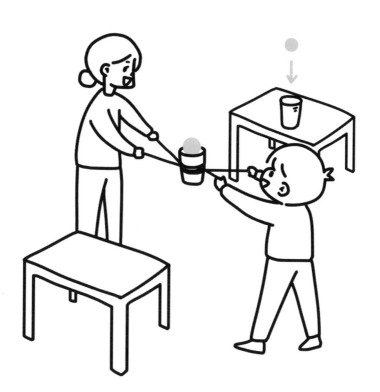

새알 옮기기 (2)

링을 끼운 고무줄 고리에 탁구공을 올린 다음,
거꾸로 세워둔 딱풀 위로 옮기는 놀이

준비물: 줄 고리(카드링, 파라코드 줄), 딱풀(5g, 15g), 탁구공

1. 그림처럼(1권 피라미드 탑 쌓기와 같은 방식) 고무줄 고리를 만듭니다.

2. 딱풀은 거꾸로 세워둡니다.

3. 시작과 함께 줄을 1~2개씩 잡고 고리 위에 올려둔 탁구공을 안전하게 옮겨 딱풀(15g) 위에 올려두어야 합니다.

4. 탁구공이 바닥에 떨어지면 처음부터 다시 합니다.

5. 성공할 때까지 도전해봅니다.

tip 하나: 카드 링의 직경은 25mm, 20mm가 적당합니다.

tip 둘: 딱풀은 15g, 5g이 적당하며, 처음에는 15g에 도전해보세요.

tip 셋: 딱풀 대신 대체할 만한 다른 물건으로도 할 수 있어요.

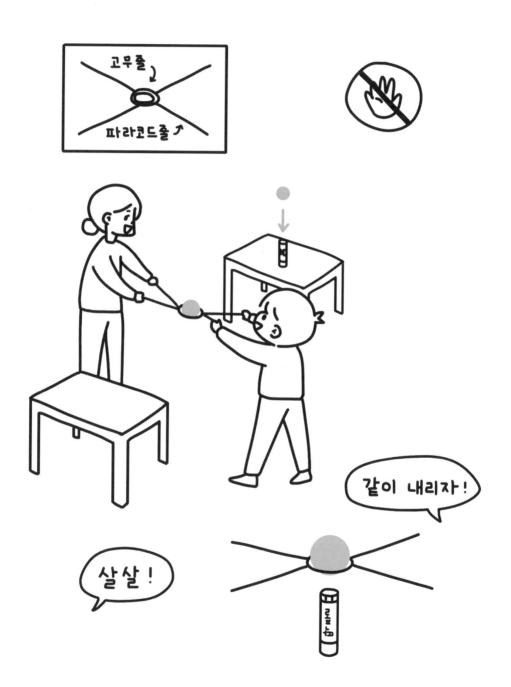

7-13 한 몸, 한마음 그리기

함께 손으로 펜을 잡고 얼굴을 그리는 놀이

준비물: 사인펜, 종이

1. 함께 한 손으로 사인펜을 잡습니다.

2. 둘 중 누구의 얼굴을 그릴지 주인공을 정합니다.

3. 시작되면 주인공의 짝이 설명한 대로 함께 주인공의 얼굴을 그려 나갑니다.

4. 한 몸, 한마음이 되어 작품을 완성해봅니다.

5. 주인공과 역할을 바꿔서도 그려봅니다.

tip: 얼굴 대신 이름이나 특정 단어를 써보아도 좋아요.

이야기 하나. 이번 활동은 구조예요

1
코로나 시대에 놀이란 아이들에게 어떤 의미일까요.
이 질문에 답을 얻게 된 만남이 있었어요.

방학이 끝나갈 즈음
금요일, 토요일, 양일간 비 숙박으로
한 아동복지센터 청소년들과 작은 모임으로 활동을 했어요.
다행히도 거리 두기 2단계 지침이 시행되기 전이었어요.

2
3년 동안 놀이 봉사단으로 센터의 아이들을 만나온
선생님들이 강사로 초대해주어 다녀왔어요.

선생님들이 얼마나 아이들을 진심으로 만나왔는지
캠프를 시작한 첫째 날 저녁, 단 2시간도 안 되는 동안
진하게 느낄 수 있었죠.

3
대부분 부모의 얼굴도 모르고 어린 나이에 맡겨졌거나
버려져서 함께 커온 아이들,
사춘기 나이가 되니 이런저런 어려움도 커진 아이들.

사실, 코로나 19 초기에는 학교 가고 싶다고 하다가
학교 안 가는 게 편하고 익숙해지니 안 가려는 경향이 강해졌다고 해요.
핸드폰이나 게임에 과몰입하는 것뿐 아니라
교육 공백과 격차는 커지고
아이들의 크고 작은 일탈들이 늘고 있는 현실이래요.

코로나 19로 인해 주로 시설에서 지내야 하는 답답함과
제대로 풀 곳 하나 없이 스트레스가 쌓여만 가는 아이들.

4

예전에 한 아이가 선생님 한 분에게 솔직하게 고백했대요.
"저 여기 놀이 때문에 오는 거 아니에요. 선생님 보러 오는 거예요."

어떤 친구는 한 선생님에게
"선생님이 제 엄마였으면 좋겠어요"라고 했다고 해요.

이 아이들에게 진짜 즐겁고 위안이 되는 놀이이자
한 줄기 빛과 같은 힘은 선생님들과의 만남이었어요.
이 아이들에게는 이 선생님과 만남이
곧 아이들을 살리는 놀이예요.

열쇠 삼촌은 아이들에게 이방인과 같은 존재였음에도
이미 다른 선생님들과 좋은 관계를 맺었기 때문인지
아이들이 자연스럽고 편안하게 받아주었지요.

5

첫째 날 헤어지기 전 가졌던 촛불 모임에서는
함께한 두세 시간을 돌아보면서
'등대와 같다', '어둠 속에서 떠오르는 일출과 같다',
'우리가 함께 어울려 노는 모습이 밥상 같다' 등 여러 시적인 표현들이
소감으로 나오기도 했어요.

둘째 날 마칠 때는 짧게 소감을 나누었는데
'재밌었다, 행복했다, 즐거웠다, 시간이 참 빨리 지나갔다'와 같은
표현이 대부분이었어요.

그중에 첫째 날, 캠프를 시작하면서 캠프를 통해
'행복해지는 방법'을 찾고 싶다고 했던 친구의 마지막 답변이 인상적이었어요.

"이번 캠프는 구조예요."

코로나로 인해 답답하고 힘들기도 하고 무료한 일상에
자신을 건져주는 구조 활동 같았다는 설명을 덧붙여주었어요.

6
그 친구를 통해 코로나 시기에 놀이는
자신을 건져주고 살려주는 '구조 활동'이었다는 말이
깊이 와닿았어요.

코로나 시기일수록 아이들에게 필요한 것은 '만남'이고 '놀이'예요.
이 둘은 둘이 아니라 하나예요.

우리는 코로나 대응 단계가 격상될수록
아이들에게 어떻게 만남과 놀이를 돌려주어야 할 것인지
고민하고 대안을 찾아야 해요.

오프라인 만남 자체가 어려운 시기에 온라인으로
어떻게 그 만남과 놀이를 돌려줄 수 있을까.
온라인이 채워줄 수 없는 그 만남의 한계를 어떻게 극복할 수 있을까.

의미 있는 타자와의 만남을 지속할 수 있도록
놀이하는 일상을 빼앗기지 않도록
내가 해야 할 역할을 찾으면서
비대면 소그룹 놀이와 만남을 시도했어요.

이 친구들과의 만남 덕분에 도전할 수 있었어요.
그리고 지금은 비대면을 통해서도 아이들을 만나고
현장의 선생님들도 만나고 있어요.

모든 어린이, 청소년들이 행복하고 평화로운
파란 나라를 포기하고 싶지 않아요.

이야기 둘. 세 줄 일기

1

짧은 1년의 몽골살이를 마치고 돌아온 우리 가족은 한동안 잠자기 전에 요요 엄마가 아빠보다 두 아들과 더 많은 시간을 보냈어요. 그때 요요 엄마는 두 아들과 세 줄 일기 방식으로 잠자리 대화를 나눴어요. 항목별로 한 가지씩만 나누는 거예요.

첫째, 가장 속상하거나 화났던 일
둘째, 가장 기쁘거나 행복했던 일
셋째, 내일 할 일

2

어느 날 잠자리 대화, 요한이는 화났던 일이 없다고 했어요. 엄마가 보기에는 동생 요엘이 때문에 화나서 소리 지른 게 오후에만 몇 번이나 있었는데 말이죠. 엄마는 요한이에게 부정적인 감정도 솔직하고 편하게 인정하고 표현하는 법을 알려주고 싶었대요.

하루 중 최악이 아니었더라도 그나마 기분 나빴던 일이라도 생각해보라고 하자 그제야 '요엘이가 나한테 야라고 했던 거'라고 얘기했어요. 두 번째, 가장 행복했던 일은 역시나 **마트에서 사고 싶었던 장난감을 엄마가 인터넷으로 주문해준 일이었대요.

3

세 번째, 내일 꼭 해야 할 일! 사실, 학교 다녀오고 숙제하고 노는 거 외에 요한이가 뭘 그렇게 해야 할 일이 많겠어요. 엄마가 마지막으로 "요한아, 내일 할 일은 뭐야?"라고 묻자 잠깐 생각하는 듯하더니 대답했어요.

"내가 내일 꼭 해야 할 일은 엄마 사랑하기."

작지만 은은한 갈색 눈동자를 초롱초롱 반짝이며 대답하는 아들. 자신의 대답에 자신도 만족스러운지 입가를 씰룩이며 미소를 띠고 아내를 바라보는 아들. 잠자리 대화를 나누다 보면 깔깔깔 웃기도 하지만 이따금 아들로부터 예상치 못한 따뜻한 위로와 감동적인 말을 듣곤 해요. 서로의 마음이 사랑으로 이어지곤 해요.

4

아들의 한마디 말에 파란 나라를 만들어가기 위해 내가 할 일이 가족을 사랑하고, 내가 만나는 이들을 사랑하고, 내가 하는 일을 사랑하는 것임을 새삼 깨닫습니다. 서로를 더 사랑하는 오늘과 내일이 되길, 그런 세상이 되길 소망합니다. 결국, 놀이도 사랑으로 놀 일이고, 서로가 사랑할 일입니다. 서로 사랑하며 함께 만들어가는 파란 나라를 꿈꿉니다.

부록

놀이 양식지

5-7 놀이와 질문 수집

〈놀이 양식지〉

	1	2	3	4	5	6
1	만약에 내가 투명 인간이 된다면?	만약에 내가 한 가지 초능력을 가질 수 있다면?	팔굽혀 펴기 5회	무릎 구부린 채 앞으로 10걸음 걷기	우리 가족의 자랑할 점은 무엇인가요?	가족 한 사람, 한 사람 고마운 점은 무엇인가요?
2	만약에 내게 타임머신이 생기면?	만약에 내가 무엇이든지 될 수 있다면?	벽에 기대서 물구나무서기 10초	제자리에서 10바퀴 돌기	내가 생각하는 우리 집 3대 뉴스는 무엇인가요?	행복한 가족의 추억은 무엇인가요?
3	만약에 내가 하루 동안 부모/자녀가 된다면?	만약에 내게 1억이 생긴다면?	윗몸일으키기 5회	한쪽 다리 들고 양 팔 벌려 10초 동안 균형 잡고 서기	내가 빌고 싶은 소원은 무엇인가요?	내가 좋아하는 세 가지는 무엇인가요?
4	노래 vs 춤	산 vs 바다	무엇이든 물어보세요 1	무엇이든 물어보세요 2	오늘 하루 동안 본 것은 무엇인가요?	오늘 하루 새로 알게 된 것은 무엇인가요?
5	치킨 vs 피자	돼지 vs 소고기	무엇이든 물어보세요 3	무엇이든 물어보세요 4	오늘 하루 기분은 어땠나요?	오늘 하루 감사한 점은 무엇인가요?
6	라면 vs 스파게티	여름 vs 겨울	무엇이든 물어보세요 5	무엇이든 물어보세요 6	오늘 하루 속상했던 일은 무엇인가요?	오늘 하루 누구와 무엇을 하고 놀았나요?

아빠의 놀이주머니 2

신박한
집콕놀이

초판 1쇄 발행일 2021년 6월 30일

지은이 한기철, 조영하
펴낸이 김현관
펴낸곳 율리시즈

책임편집 김미성
표지디자인 김용식
본문디자인 진혜리
본문 일러스트 조영하, 서원주
종이 세종페이퍼
인쇄 및 제본 올인피앤비

주소 서울시 양천구 목동중앙서로7길 16-12 102호
전화 (02) 2655-0166/0167
팩스 (02) 6499-0230
이메일 ulyssesbook@naver.com
ISBN 978-89-98229-91-7 13370

등록 2010년 8월 23일 제2010-000046호